▶▶▶ 本书赞誉 ◀◀◀

※一个人的成功不是看其获得了什么,而是看其帮助别人获得了什么。猎头工作本身就具备了这样的使命。如果你也意识到了自己肩上的重任,并且希望更快地成长起来,那么我建议你读一下这本书。在技能干货的背后,Jenny一直在为我们传递着成功者必备的思维方式:换位和共赢。

—— 科锐国际董事长　**高勇**

※Jenny的这本书是非常精彩的一本猎头手册。除了其中林林总总的环节和技巧外,特别欣赏其中谈及的换位思考能力。这也是为什么我们说"猎头最终拼的是'人品'"的缘由。

—— CGL创始人 《大猎论道》主编　**庄华**

※读书最好的境界是"进得去,出得来"。此书既有理论的提炼,又有可操作性,是本好书,推荐一读。让我们一起快乐地做猎头!

—— Kelly Services 中国区总经理　**李兆龙**

※对于一个想做猎头的人来说,这是一本教科书;对于一个想做个好猎头的人来说,这本书能给予很多共鸣和提示;对于一个想投资猎头行业的人来说,这本书让你看到了价值!

—— 猎上网联合创始人 猎上大学校长　**马雄二**

※Jenny仔细梳理了猎头业务中的各个环节,从人员搜索、客户分析、岗位匹配、薪资谈判、背景调查到后续服务,从每个环节中可能遇到的问题到解决方案,事无巨细娓娓道来。为新入行的顾问排除暗礁,指明方向;为有经验的顾问提炼总结,开阔思路。

—— 仲望企业管理咨询 董事长　**余仲望**

※猎头是一个成人达己的职业,此书相伴,助力成长。期待猎头人凝心聚力,砥砺前行。

—— 职海领航创始人 《非你莫属》人力资源专家　**库尔特**

※这本书是我看到的能帮助猎头人解决日常工作中具体问题的实用性工具书，相信没有藏私的干货，一定会对读者从事猎头工作大有裨益。

—— RECC中国招聘联盟 发起人　宁晋

※恭喜珍妮姐精致、落地地描绘出了"百万顾问"这只大象的全貌。推荐给每一位招聘的同业！

—— 哲杉咨询创办人《北京猎头故事》作者　吕少雨

※Jenny用问答的形式提纲挈领地总结了猎头顾问在日常工作中经常遇到的各类问题，无论是对于猎头新手，还是老猎，都是非常有指导意义的。相信本书能够帮助更多的人成为百万猎头。

—— 纬特施企业管理咨询 创始合伙人　姚京

※珍妮姐笔耕不辍，对行业的热情与贡献有目共睹。相信凝结了她的智慧和经验的此书将帮助更多的猎头朋友实现百万顾问的小目标。

—— 睿璞咨询 创始人　李睿智

※此书用问答的方法教会你做猎头，解决那些每天困扰你的问题。通过认真品读和实践，我相信读者将会改变自己的思维、情绪和行为，从而成为"百万顾问"。我将本书推荐给每一个想做好猎头的朋友！

—— VIP Hunter 创始人　康敬

※我推荐大家读读这本书，有落地的实操，也有实操背后的思想，相信可以启迪更多的猎头同行走得更快、更远、更好。

—— 优仕一方 董事总经理　江波

※"百万猎头"的称号是猎头行业对优秀猎头的一种认可，其背后更加代表的是一种思维模式。猎头这个行业本身就是一个圆形跑道，是新人辈出的行业。或许你现在还是新人，但是看过珍妮姐的这本书，具备了"百万猎头"的思维模式后，你就是"百万猎头"。

—— 艺寻猎头 联合创始人　刘云飞

EXECUTIVE SEARCH:
FROM ZERO TO MILLIONAIRE

百万猎头
从入门到精通

蒋倩◎著

北京大学出版社
PEKING UNIVERSITY PRESS

内容简介

本书是一本帮助猎头"小白"尽快成长为"百万猎头"的入门宝典。作者系统梳理了猎头顾问会遭遇的各类经典问题,涵盖了候选人(个人客户)管理、企业(公司客户)管理以及自我修炼(猎头自身成长)三大方面,并设身处地替猎头顾问准备了全方位的高效话术"干货",案例故事以期帮助读者快速成长为专业的百万顾问。

全书分为三个部分,分别为候选人管理、客户管理与自我修炼。第一部分包括动机确认、机会评估、机会营销、背景调查等内容;第二部分包括管理HR、管理部门、管理高层、赢得客户;第三部分包括情绪管理、时间管理、信息管理与财务管理。

本书针对几十万职场猎头,以及想要成为猎头的工作者,帮助他们从零到一,一步步成为百万级的职场猎头。

图书在版编目(CIP)数据

百万猎头从入门到精通 / 蒋倩著. — 北京:北京大学出版社,2019.3
ISBN 978-7-301-30370-2

Ⅰ.①百… Ⅱ.①蒋… Ⅲ.①企业管理–人力资源管理 Ⅳ.①F272.92

中国版本图书馆CIP数据核字(2019)第033637号

书　　　名	百万猎头从入门到精通 BAIWAN LIETOU CONG RUMEN DAO JINGTONG
著作责任者	蒋　倩　著
责 任 编 辑	吴晓月　王蒙蒙
标 准 书 号	ISBN 978-7-301-30370-2
出 版 发 行	北京大学出版社
地　　　址	北京市海淀区成府路205号　100871
网　　　址	http://www.pup.cn　新浪微博:@北京大学出版社
电 子 邮 箱	编辑部 pup7@pup.cn　总编室 zpup@pup.cn
电　　　话	邮购部 010-62752015　发行部 010-62750672　编辑部 010-62570390
印 刷 者	河北博文科技印务有限公司
经 销 者	新华书店
	148毫米×210毫米　32开本　9.25印张　彩插1　220千字 2019年3月第1版　2024年9月第8次印刷
印　　　数	27001–29000册
定　　　价	49.00元

未经许可,不得以任何方式复制或抄袭本书之部分或全部内容。
版权所有,侵权必究
举报电话:010-62752024　电子邮箱:fd@pup.cn
图书如有印装质量问题,请与出版部联系。电话:010-62756370

一本弥补《大猎论道》遗憾的猎头战术专著（代序）

我很乐意为 Jenny（蒋倩女士）写序，不仅仅因为这本书本身有非常独特的价值，也因为有我自己学习如何做猎头的独特经历。

我 1997 年进入猎头行业，带我入行的老板激发了我对猎头行业的兴趣，但对于如何才能成为一个专业高产的顾问，他也只能给我一些非常基本而朴素的思路。在那个年代，绝大多数的职场人都不了解猎头服务，市场上为数不多的有经验的猎头同行也基本不愿意分享自己的"独门秘诀"。在这样的环境里，对于我这样一个猎场新人，我完全找不到合适的渠道，去交流学习，只能凭勇气和信心，笨拙而艰难地摸索。

好在那个时候出现了 Amazon（亚马逊）网上书店，我查到了一本名为 Secrets of the Executive Search Experts 的猎头专著。20 年前的海外网购很麻烦，几经周折也没购买成功，最后是一位在美国的曾经做过我候选人的朋友，帮我买到了这本书，辗转几个星期之后，书终于寄到。（有趣

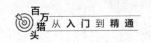

的是，当年帮我买这本书的朋友，后来自己也加入了猎头行业，成了一个全球顶级猎头公司的中国区合伙人）。这本书打开了我在猎头行业的新视野，奠定了我从事猎头业务的专业基础。20多年过去了，猎头行业的学习模式大体上仍然是"师傅带徒弟"的模式，但并非每一个徒弟都那么幸运，能够有一个专业能力很强且愿意毫无保留地教自己的师傅。因此，对真正想要成长的猎头顾问，学会从直接上司之外的环境中吸收营养，尤其是来自好书籍、好文章及同行的"干货"分享，就成为一种非常重要的能力了。

那本猎头专著不仅让我受益匪浅，也促成了我多年后在猎聘的支持下，创办了"大猎论道"这个猎头同行经验分享栏目。"大猎论道"栏目早期的25位作者来自于数十个在中国市场上最有活力的猎头公司，他们基本上是这些公司的创始人或资深的团队负责人，大家一起贡献了几十篇在猎头行业广为流传的文章，这些文章汇总成了《大猎论道——真实世界的猎头艺术》一书！这本获得了很多猎头同行的关注，作为这本书的主编，我也有极大的未能实现的遗憾：《大猎论道》这本书对猎头业务及猎头公司运作的机理剖析得很深入，但却未能系统地梳理可以落地实施的具体战术。而Jenny的这本书，恰好弥补了这一遗憾！

本书的内容与编排都很有实战性，而且易学易用：按照猎头业务的自然流程组织内容让人很容易上手；在内容的具体编排上，以最直接的Q&A（一问一答）的方式呈现；没有长篇大论的套话论述，而是完全专注在具体实战沟通中的话术技巧上，即学即用；更难能可贵的是，这本书从很实在的"术"入手，但又能逐步帮读者提升到"道"的层面，正如本书的编排结构，左手客户，右手人选，中间则是自我修炼。

相信这本书能够从以下几方面帮到从事猎头行业的朋友们。

◎ 在最短的时间内熟悉猎头的业务流程。

◎ 对流程里会遇到的常见问题（尤其是难点与痛点）进行了梳理与解答，让大家少踩坑，少犯错。

◎ 书中提供了具体的话术，能够帮助新人很快地在模仿中习得技能。

我很乐意写这篇序，不仅仅因为书好，也因为Jenny这个人好！就猎头的实战经验而言，Jenny已经有很丰富的体验：近10年实战经验。从升任科锐国际顾问起，连续几年都是百万顾问，并在实战中带过很多新人。就培训而言，Jenny也很有建树：在线上，她在"喜马拉雅"的免费猎头培训专辑"猎头成长的30天又N天"已经获得了近20万人次的收听，"千聊"上的付费课程"猎头做单系列课十节"，已经积累了超过5000次的付费学习；在线下，她积极举办知识分享活动，对于高潜新人进行小班化的教学并实践社群化的O2O管理。在"在行"做1对1的职业发展咨询师，每月进入上海行家榜Top 100……同时，在这本书写作之前，Jenny已经出版过跳槽工具书——《跳槽就是相亲》……以上种种之外，最为珍贵的是，Jenny始终保持不变的那颗愿意分享、乐于助人的美丽心灵！

回到这本书上，由于它聚焦在猎头实操技能上，相信对以下几类读者会有很好的帮助。

◎ 猎头从业者：尤其是想了解猎头真实工作状况来判断是否值得尝试猎头职业的读者；已做猎头且想要进一步提升自己技能的读者；想提升人员培训发展效率的猎头团队领导者。

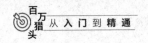

◎ HR 人士：通过此书探知猎头顾问具体是如何工作的，以此了解和理解你的招聘合作伙伴，彼此更好地进行配合。

◎ 职场人士：书中的内容能帮助你更好地与猎头打交道，了解哪些猎头靠谱，哪些猎头不靠谱，从而善用自己的猎头顾问的渠道，助力自己的职业发展。

最后，感谢大家读完这篇虽然有点长但很诚恳的序。

FMC 猎头机构创始合伙人 &

《大猎论道》首任主编

Charles 陈勇

像"百万猎头"一样思考
（代前言）

"百万猎头"是猎头行业内对业绩好的猎头顾问的一种称呼。普遍认可的定义是指年到账达到 100 万元业绩的猎头。也有定义为年薪百万的猎头顾问，或者是服务百万年薪的人才（业内俗称"候选人"，以下都将使用"候选人"一词）。对于"百万"，每个人都有自己的理解或者说是目标。不管是大客户模式（Key Account，KA），因岗找人，还是主动专注模式（Proactive Specialization，PS），因人找岗，底层逻辑是一致的，都需要猎头顾问积极主动地寻找人——客户及候选人。两种模式所需的实操战术略有不同，但是战术背后的战略是一致的，即所需具备的理念和所需培养的能力是一致的。

想要成为"面面俱到"的猎头顾问，不在于模式选择，而在于如何用正确的理念去制定战略，用正确的战略去指导战术，并且把正确的战术灵活运用。因此，本书从寻找"如何成为一个优秀的猎头顾问"的答案出发，希望通过 3 篇 16 章的 81 个问题让读者能够从术的层面进去，从道的层面出来。

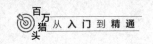

我做猎头的时候坚持给候选人发周末邮件。发周末邮件是公司的要求，但非强制性要求。因而，并非人人都做。而我之所以去做，起初是觉得或许这会帮助我获得更多优质的推荐，于我有利；后来则发现，带来的推荐并不多。但是，我依旧坚持做下去了，因为我开始意识到，这么做于候选人也有利，至少他们能知道更多职位信息，可以提供给他们的朋友。之后，我发现候选人爱看邮件并不是仅仅因为那些职位，还爱看我写的一些推荐和感悟文字。通过这些邮件，他们记住了我。通过坚持，他们认可了我。被记住、认可是一切合作的基础。

猎头是做人的生意，赢得人心是第一位的。而赢得人心靠的是把对方放在自己前面，把人放在业务前面，把长远利益放在眼前得失前面。如果你能做到，那么百万只是开始。

本书作者

猎头培训师

蒋倩

目录
CONTENTS

PART 1 · 候选人管理

第1章 动机确认：看吗？不看吗？

Q1. 候选人对机会的兴趣度有多大，我该如何判断？ // 002

Q2. 候选人跳槽的动机究竟有哪些？ // 007

Q3. 如何挖掘出候选人看机会的真实动机？ // 016

本章小结 // 020

第2章 机会评估：好吗？不好吗？

Q4. 如何了解候选人在目前公司发展的真实状况？ // 022

Q5. 如何判断候选人手中有没有"内部机会"？ // 026

Q6. 如何判断候选人有没有其他的外部机会？ // 029

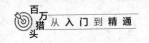

Q7. 当候选人手中有其他机会时，如何判断其是否会对我提供的机会构成威胁？// 034

本章小结 // 038

第3章 机会营销：看看吧，看看吧！

Q8. 如何提炼出提供职位的卖点？// 039

Q9. 如何将职位的卖点和候选人的需求匹配起来？// 042

Q10. 当职位机会满足不了候选人的某些需求时，我该怎么办？// 044

Q11. 如何挖掘候选人的潜在需求？// 047

本章小结 // 049

第4章 Offer谈判：谈什么？怎么谈？

Q12. 如何确认候选人真实的薪资期望？// 050

Q13. 如何确认客户公司给出的薪资范围？// 054

Q14. 如何让候选人和我结成"统一战线"，不会试图绕过我去跟客户公司的人事沟通？// 058

Q15. 薪资谈判时，离达成一致只有"一步之遥"，但候选人坚决不肯退让时，我该怎么办？// 063

Q16. 薪资谈判时，离达成一致只有"一步之遥"，但客户公司坚决不肯退让时，我该怎么办？// 067

Q17. 如何在薪资谈判中打配合战？// 069

Q18. 候选人拒绝了 Offer，如何判断其理由的真假？// 073

本章小结 // 076

第5章　背景调查：查什么？怎么查？

Q19. 候选人拒绝配合背景调查，我该怎么办？// 078

Q20. 候选人提供不了直线经理做背景调查人，我该怎么办？// 082

Q21. 候选人提供的背景调查人对其评价不高，我该怎么办？// 084

Q22. 背景调查发现造假，我该怎么办？// 086

本章小结 // 087

第6章　离职跟进：走了！不走？

Q23. 候选人遭遇公司挽留时，我该怎么办？// 088

Q24. 候选人遭遇公司强留时，我该怎么办？// 092

Q25. 候选人想选择另一个 Offer，我该怎么办？// 094

Q26. 提出离职时，候选人所在公司要求其签竞业禁止协议怎么办？// 096

本章小结 // 098

第7章　入职及跟踪：不开心，怎么办？

Q27. 如何帮助候选人顺利度过保证期？// 100

Q28. 候选人无法度过保证期时，我该怎么办？// 104

本章小结 // 106

第8章　助力候选人：简历和面试，评估和优化

Q29. 要不要做面试辅导？// 107

Q30. 如何做面试辅导？// 109

Q31. 如何面试候选人才有效？// 111

Q32. 候选人不肯修改简历，我该如何应对？// 115

Q33. 要不要帮候选人写简历？// 118

Q34. 如何判断一份简历写得好不好？// 119

本章小结 // 120

PART 2 · 客户管理

第9章　管理HR：事重要？人重要？

Q35. 如何和人事建立战略伙伴关系？// 122

Q36. 如何应对只讲关系的人事？// 124

Q37. 客户公司的人事内部关系复杂，我该"投靠"谁？// 127

Q38. 如何向人事索要职位？// 130

Q39. 如何询问人事关于职位信息方面的问题？// 133

Q40. 如何询问人事关于职位的进展情况？// 136

Q41. 人事给出的职位信息少、职位推进慢，我该怎么办？// 140

Q42. 认识职位需求部门的领导，是否可以绕开人事，

直接获取职位信息，推进职位进展？// 141

Q43. 为什么必须向人事营销我的候选人？// 145

Q44. 如何向人事营销我的候选人？// 148

Q45. 如何在面试后，通过人事获得部门对候选人的真实反馈？// 151

Q46. 如何让人事信服你对候选人的管控能力？// 154

Q47. 面对人事"怎么没有人推荐给我"的质问，我该怎么办？// 156

本章小结 // 159

第10章 管理部门：招聘方？求职方？

Q48. 部门领导包括哪些人？// 160

Q49. 为什么要认识招聘职位的部门领导？// 161

Q50. 如何认识招聘职位的部门领导？// 162

Q51. 如何让 HR 引荐部门领导？// 163

Q52. 如何与部门领导保持长期的动态联系？// 165

本章小结 // 166

第11章 管理高层：要"巴结"吧？怎么"巴结"？

Q53. 企业高层包括哪些人？// 168

Q54. 不认识企业高层，如何了解用人理念？// 168

Q55. 需要和企业高层建立联系吗？// 169

Q56. 如何与企业高层建立联系？// 171

本章小结 // 173

第12章 赢得客户：为什么是你不是他？

Q57. BD 的准备工作有哪些？// 174

Q58. BD 必备的技能是什么？// 178

Q59. 为什么需要你的猎头服务？// 184

Q60. 我该如何给客户打电话？// 188

Q61. 我该如何拜访客户？// 196

Q62. BD 线索哪里来？// 207

Q63. 如何找到潜在客户的联系方式？// 210

Q64. 如何通过有效的人脉维护获得更多的客户？// 213

本章小结 // 219

PART 3 · 自我修炼

第13章 情绪管理：错不错，有所谓吗？

Q65. 对候选人掏心掏肺，候选人却总是一副不信任我的样子，挫败感很强时，我该怎么办？// 222

Q66. 对人事有求必应，人事却总是一副不满意我的样子，

目录

挫败感很强时，我该怎么办？ // 226

Q67. 候选人接二连三地出现意外状况，人事对我的候选人

管控能力产生严重质疑时，我该怎么办？ // 231

Q68. 客户公司接二连三地出现意外状况，候选人对机会产生

严重质疑时，我该怎么办？ // 236

Q69. 如何既能合理地向合作方表达负面情绪，又能赢得

信任和机会？ // 239

本章小结 // 243

第14章　时间管理：25小时/天？

Q70. 每天都忙着找人、沟通，但是自己的报告数还是很少，

怎么办？ // 244

Q71. 要做的事情太多，感觉自己时间不够用，怎么办？ // 246

Q72. 感觉自己做事情总是没有章法，注意力很难集中，

怎么办？ // 248

本章小结 // 250

第15章　信息管理：人在哪儿？全了吗？

Q73. 如何制作人才画像？ // 251

Q74. 怎样制作行业人才地图？ // 255

本章小结 // 258

第16章 财务管理：不付钱！何时付？

Q75. 合同条款有哪些注意点？ // 259

Q76. 客户想赖账，我该怎么办？ // 266

Q77. 催账应该在什么时候催？ // 270

Q78. 平时合作的都是HR，催账也找HR吗？ // 272

Q79. 催款必须自己去吗？ // 274

Q80. 催账是个技术活，怎样才能干好呢？ // 275

本章小结 // 278

尾声

Q81. 终极问题：如何成为"百万猎头"？ // 279

PART 1

候 选 人 管 理

动机确认：看吗？不看吗？

机会评估：好吗？不好吗？

机会营销：看看吧，看看吧！

Offer 谈判：谈什么？怎么谈？

背景调查：查什么？怎么查？

离职跟进：走了！不走？

入职及跟踪：不开心，怎么办？

助力候选人：简历和面试，评估和优化

CHAPTER 1

第 1 章
动机确认：看吗？不看吗？

Q1 候选人对机会的兴趣度有多大，我该如何判断？

兴趣度是指候选人对职位感兴趣的程度。兴趣度是动态变化的，至少会受三方面因素的影响。

职位理解因素：有的候选人一开始兴高采烈，等和猎头深入沟通了几次岗位说明书（Job Description，JD）背后的含义后，顿时就兴趣大减了。

过程感觉因素：如候选人本来很心仪这个职位，但因为面试时被耽搁了太多时间，就对企业作风产生了怀疑；或者反过来，候选人本来兴趣一般，面试后觉得部门氛围特别好，希望猎头帮忙向人事尽快打听结果等。

非职位因素：如家中老人不幸病重，需要候选人照顾，短期内不想换工作了；又比如另一家企业已发了终面通知，那么对于初面还没有结果的机会，候选人自然就兴趣度比较低了。

因此，想成为"百万猎头"，需要实时、动态地评估候选人的兴趣度，根据其变化及时调整，拟出最佳应对方案。

既然兴趣度是实时、动态的，那么要做判断就要分阶段进行。每个阶段都要结合候选人的语言与行为做判断。"百万猎头"在语言、行为方面会做些什么呢？

1. 语言方面："百万猎头"会主动询问、积极倾听

（1）初步接触

从初步联系候选人，到候选人提供简历，再到等待面试安排前的阶段。在此阶段，询问候选人的兴趣度是为了将其分类：不推荐（直接放弃）、可以推荐及重点推荐。

> **具体话术参考**
>
> - 这个机会哪些方面吸引您？
> - 您对这个机会的哪些方面有顾虑？／您为什么不愿意接触这个机会，能给我说说原因吗？
> - 冒昧地问一下，您目前还有其他的机会在接触吗？

（2）安排面试时

如果招聘流程很完整，那么面试环节往往要经历多轮。若两轮面试的间隔时间较长，建议安排面试时，再次询问候选人的兴趣度。当然，对候选人的兴趣度总是感觉心中没谱，在不得罪人的前提下，多问几次也是保险的做法。为了了解候选人的动机和预期，在此阶段应再度询问其兴趣度。

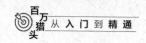

> **具体话术参考**

- 记得前几轮面试,您对这个机会的印象还是不错的。您要是有什么新的想法或有什么想问的,您都可以和我说啊。
- 不好意思,隔那么久才安排这轮面试,因为×××的原因。据您说您近期的确是在看新机会,不知道您最近有没有进展中的其他机会呢?
- 和其他机会比起来,您目前对我提供的这个机会怎么看?

(3)面试结束后

关于面试的情况,猎头需要在每次面试后都询问候选人。在这个环节,很多猎头只关心候选人面试表现的好坏,却忽略了候选人对机会的看法积极不积极。其实,在面试结束后,立即询问兴趣度的问题是很有必要的。尤其是已经进入部门面试环节时,在此阶段询问候选人,是比较容易得到真实反馈的。一旦得到真实反馈,就可以进一步管理候选人的动机和预期。

> **具体话术参考**

- 您对面试官的感觉如何?(如果对面试官的感觉不好,需要根据面试官和招聘职位的关系,对候选人进行可能的必要开导。)
- 聊过后,您对机会有什么看法?
- 聊下来,您感觉没有另一个机会有吸引力,能具体说说吗?

(4)录取通知(Offer)谈判

Offer谈判表面上谈的是薪资(钱),但实际上谈判的筹码不单单是薪资。根据经验，如果候选人对一个机会感兴趣，那么绝大多数情况下不仅是为了钱。所以，一旦候选人不愿意接受 Offer，无论其是否声称是由于薪资，猎头顾问都需要尽快考察：在薪资以外，候选人还有什么不满意的因素？随后，对于这些因素要尽可能地引导。

其他因素可能有猎头顾问之前就已经料到的方面，如路远、加班多、感觉老板严厉等；也可能有新增的方面，如存在内部晋升机会等。在此阶段再度询问兴趣度，更多的是为了挖掘新的引导思路，以便尽快促成 Offer。

> **具体话术参考**
>
> - 您是否有其他 Offer 或内部机会，导致您对这个 Offer 没兴趣了？
> - 您之前提到的顾虑，我们都一一梳理过，应该是都解决了。所以，您是否有新的顾虑？

2. 行为方面："百万猎头"会细心观察、暗中留意

俗话说"说得好不如做得好"，要了解候选人对一个机会真实的兴趣度，不光是听其怎么说，更要看其怎么做。通常，候选人对猎头顾问的响应越及时、配合越积极，其对这个机会的兴趣度就越大。就好比，真心追求一个姑娘，小伙能使出浑身解数、十八般武艺。

不可否认，存在一种候选人对任何机会都表现出满满真心，见一个爱一个，但那毕竟是极少数的。而且若负荷过重（如面试轮数太多），其还是会露马脚、现原形的。

可以观察的行为包括但不限于以下几种。

◎ 沟通的态度是否积极、有问必答。

◎ 递交简历是否及时，修改简历是否情愿。

◎ 是否主动寻求面试辅导。

◎ 对于面试安排是否积极协调时间、予以配合。

◎ 是否会主动询问面试安排、面试反馈。

◎ 是否主动跟进流程、关心职位进展情况。

根据广大资深猎头的经验，但凡一个候选人对机会上心了，不管性格、风格、工作强度、繁忙程度如何不同，其都会积极配合猎头顾问开展工作。候选人对机会的兴趣度与其动机呈正相关：一个机会对候选人的动机满足越全面，其自然对这个机会的兴趣度越大。

所以，了解候选人的兴趣度，其实就是在了解其动机。想成为"百万猎头"，就必须去反复考察动机，并且要尽可能从语言和行为两方面着手。

案例分享

珍妮群里有个猎头顾问分享过一个职位。候选人在 Offer 阶段之前，配合度一直很高，一直表达自己非常想拿下那个机会。可是到了 Offer 阶段，Offer 发给候选人后，候选人说会尽快签回的，但是两天过去了都没有签回。等到猎头顾问打电话再去询问的时候，候选人说他考虑下来还是放弃这个机会了。在猎头顾问再三追问下，候选人说他有另一个更好的 Offer。而这个猎头顾问觉得很郁闷，她之前询问候选人的时候，候选人一再表示自己没有其他的机会在看。

珍妮姐问那个猎头顾问："那你之前和他的数次联系，他都是及时响应你的吗？他没有表达过对这个机会有任何的疑问、顾虑或不满吗？"

猎头顾问陷入沉思后回答说："他回我消息不及时，一般要我追电话过去才行。他的确一直表现得对机会很满意的样子。也是我经验太少，还以为他真的很满意。现在看起来，不过是他想多争取几个机会吧。"

珍妮姐说："你的分析没错，他的言行不一致。和候选人过多的询问、质疑相比，候选人对机会没有询问、质疑才更可怕。"

候选人对机会的兴趣度是动态变化的，如果猎头顾问没有掌握当前的最新动向，就会经常发生"煮熟的鸭子飞了"的事情。

Q2 候选人跳槽的动机究竟有哪些？

一个人想跳槽、离开目前公司，通常是因为在目前公司做得不开心、不够满足。不开心、不够满足是结果，原因则可以归结到关于人、事及未来的三大维度，具体又包括 12 种因素，如下图所示。可能是其中的一种，也可能是由多种因素的不满所导致的。因而候选人想辞职、想跳槽的动机基本就可以归入这三大维度。

人	事	未来
薪资福利	职位职务	个人
汇报线	工作职能	公司
团队	工作强度	行业
工作氛围	工作地点	
家庭		

动机三大维度 12 种因素图

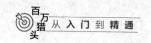

一般来说,如果候选人关心某个维度,当猎头顾问提问该维度的问题时,其就会表现出更多关注。如果候选人足够外向、好问、强势,那么就会重点突出自己关心的某个维度,不断向猎头顾问发问或强调自己的立场。另外,候选人也会利用自己的人脉渠道去多方打听、求证自己所关注的维度信息。

1. 薪资福利

薪资一般是谈的,福利一般就是了解下。

对这一维度特别关注的候选人会有如下表现。

(1)关于薪资

确定意向阶段的表现。

◎ 这个职位的薪资范围是多少?

◎ 你说的是他/她们公司能给的最高薪资吗?

◎ 我听说,他/她们公司这个职位的薪资并不高,你确定他/她们能给这么多?

准备推荐阶段的表现。

◎ 我的期望值就是如此,你不要给我报个低值。

◎ 薪资是靠谈的,你就给我写薪资面议。

◎ 你不能帮我把期望再写高一点吗?公司总会打压人的期望值。

面试阶段的表现。

◎ HR(人事)问了我薪资期望,我还是照实说了,他觉得有点高,问我能不能降。我回复:比较难(或先看能不能顺利完成面试)。

◎ HR就喜欢压薪资,我回复了薪资可谈。不过到时候你要帮我尽力争取,我和你说的期望薪资没有什么可谈余地的。

谈 Offer 阶段的表现。

◎ 就差这么点，他/她们为什么不能给呢？为什么要我让步呢？

◎ 不得不告诉你，我还有个 Offer，给我 ×× 薪资，如果这家能给我 ×× 薪资，我还是愿意考虑这家的。

◎ 不瞒你说，最近我老板找我谈过了，内部会给我个升职机会，我很犹豫啊。如果薪资达不到 ××，我觉得现在跳槽的话，不划算啊。

（2）关于福利

福利一般各阶段都可能问，也可能到最后才会想到问。

◎ 年假多少天？

◎ 有带薪病假吗？

◎ 有商业医疗险吗？

◎ 我们公司现在有企业年金，这个公司会有吗？

◎ 我们的公积金个人部分有时公司缴纳，这个公司是常规的吧？

……

2. 汇报线和团队

汇报线和团队紧密相连，合并说明。

主要涉及应聘部门的汇报线、所属团队相关方面的口碑、风格问题。

对这一维度特别关注的候选人会有如下表现。

（1）确定意向阶段

◎ 汇报线是什么职务啊，背景你知道吗？

◎ 团队有多少人啊？

（2）面试阶段

◎ 感觉直线经理挺和善的，气场挺合。

◎ 感觉部门经理挺严肃的，这人是不是很严厉？

◎ 感觉和部门大老板比较聊得来，和直线经理就要差一些。

（3）谈 Offer 阶段

◎ 这个部门的口碑我去打听过了，不太好，我想来想去还是放弃这个机会吧。

◎ 我现在公司的老板找我谈过话了，意思是下半年会给我升职，我手头有一个项目也到关键阶段了，我想来想去这次还是算了吧。老板一直对我不错，我缓缓再跳。

……

3. 工作氛围

主要涉及应聘企业的政治环境、人的风格等方面的问题。

对这一维度特别关注的候选人会有如下表现。

（1）确定意向阶段

◎ 他们公司政治环境如何啊？

◎ 听说他们公司政治环境很复杂，人员流动率很高啊。

（2）面试阶段

◎ 你了解下来他们公司到底乱不乱啊？

◎ 你了解下来他们公司做事风格是很狼性的吗？和外界说的相比如何？

（3）谈 Offer 阶段

这家公司我又去打听过了，人际关系太复杂了，不稳定，我还是选择不去了。

……

4. 家庭

主要涉及上班地点、异地租房成本、出差/加班频率及子女抚养方面的问题。

对这一维度特别关注的候选人会有如下表现。

（1）确定意向阶段

◎ 地方太远了，不能考虑啊。

◎ 有班车吗？

◎ 公司提供住宿吗？

◎ 公司有租房补贴吗？

◎ 公司解决户口吗？

◎ 孩子太小／孩子要小升初、初升高，不考虑变动了。

◎ 加班多吗？／出差多吗？孩子现在比较小／家里需要我照顾，如果加班多／出差多，就算了。

（2）面试阶段

◎ 听 HR 说，他／她们加班很多，还要倒时差开会。我有点顾虑啊。

◎ 听 HR 说，他／她们基本上半个月都在外面出差啊。

◎ 面试官直接问我对加班怎么看，他／她们加班很多吗？

◎ 面试官直接告诉我工作一周基本都在出差，问我行不行。这个和我预期的差异比较大啊！

（3）谈 Offer 阶段

◎ 考虑再三，还是觉得就我目前的家庭情况而言，这个机会我还是放弃算了。

◎ 我算了下租房成本、生活成本，就给的薪资来说，没什么吸引力啊。

……

5. 职位职务

职务和职位并非一回事。有的人看重虚的职位，有的人看重实的职务，

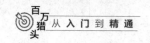

还有的人两者都看重。

对这一维度特别关注的候选人会有如下表现。

(1) 确定意向阶段

◎ 这个职位的内部级别是几级,你知道吗?

◎ 这个职位级别和我现在差不多啊,没意思。

◎ 这个职位级别比我现在低啊,就算在他/她们内部的级别比我现在高,那别人怎么知道。我再跳槽怎么办?

◎ 这个职位级别挺高,内部级别怎么样啊?

◎ 职位汇报给谁啊?

◎ 带不带人啊?团队多大啊?现在有几个在职的?

(2) 面试阶段

◎ HR说得很模糊啊,我还是不清楚这个职位的级别,你能不能再帮我打听打听?

◎ 面试下来,我觉得这个职位和我现在的差不多,就是职位级别好听一点而已。

(3) 谈 Offer 阶段

◎ 能不能帮我确认下:这个职位的内部级别到底是几级啊?

◎ Offer上会不会写级别? Offer上写的数字级别是指代××吗?

◎ 面试的时候一直说的是面试经理,怎么Offer上写的是主管?

……

6. 工作职能

涉及工作的具体职责、权利范围方面的问题,主要想了解两大类问题:第一,职位是否符合自己的兴趣?第二,职位对自己的能力提升、今后发展是否有益?

对这一维度特别关注的候选人会有如下表现。

（1）确定意向阶段

◎ 你能介绍下这个职位具体是做什么的吗？

◎ 这个职位听起来和我目前做的不完全一致，你觉得我能胜任吗？

◎ 这个职位听起来对我来说是转型了，但不是我的兴趣所在啊。

◎ 我对这个转型机会挺感兴趣的，你觉得这个职位的要求我能符合吗？

（2）面试阶段

◎ 感觉这个职位和我目前做的工作差不多啊，没什么挑战性。

◎ 感觉这个职位和 JD 的描述不太一致啊，职责范围小很多，权限也不大。

◎ 部门对这个职位的要求还是蛮高的，××、×× 我都没做过，估计不太行。

（3）谈 Offer 阶段

◎ 我仔细想了想，这个机会各方面和我目前的情况都差不多，做的工作内容也差不多，我还是先不动了。

◎ 这个 Offer 上的薪资真的是很一般啊，不过考虑下来，工作内容是我感兴趣的，我还是决定接受。

……

7. 工作强度

涉及加班情况、出差情况等问题。

8. 工作地点

涉及交通是不是便捷、是否需要异地等问题。

7 和 8 的问题在第 4 点"家庭"因素里面已经罗列，此处不再重复了。

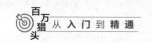

分类时它们是单独的问题，但是在人选考虑的时候，真实情况是，这些问题一定要和家庭方面结合在一起考量。所以，在家庭考量部分就一并展开了。

9. 个人、公司和行业

个人、公司和行业是未来预测维度的不同角度，合并说明。

主要是对发展方面的一些考虑，有个人、公司和行业三个层面。

对这一维度特别关注的候选人会有如下表现。（一般各阶段都可能随想随问，也可能最后才会问。）

◎ 你知道这个职位在他们内部后续的发展路径吗？

◎ 他们公司有内部转岗的机制吗？

◎ 你知道他们最近的业务发展状况/资金状况如何吗？

◎ 你对我们这个行业怎么看，是不是需要换行业发展？

◎ 这个公司业内的口碑怎么样？

……

想成为"百万猎头"，我们能做的只是在了解候选人的真实动机、真实跳槽需求后，以正向的方式把真实信息传递给候选人。至于候选人愿不愿意考虑我们提供的机会、最终接受 Offer，取决于人岗之间匹配度的高低。匹配度并不是靠我们的"三寸不烂之舌"就能改变的。

换句话说，我们只能控制自己、控制过程，但我们控制不了别人、控制不了结果。这正是所谓的"尽人事，听天命"。对此，不应有无法掌控结果的悲观情绪，而应坦然面对这种必然。同时，虽然"百万猎头"和普通猎头顾问有区别，但我们需要知道：并不是前者能够把博弈 0% 的优势变成 100%，而是能把 49% 的优势变成 51%。"百万猎头"都是不会轻易言弃的人。这就好比即使是神医，也只能做到把生命垂危的病人救回来，却不可能让已死之人复生。

案例分享

珍妮群里有位猎头顾问求助过一个职位。由于现在的公司出差多，她的候选人想要换份工作。她也询问过候选人，候选人说一定量的出差还是能够接受的。可是，到了部门面试的时候，部门提到的出差频率还是太高了，超出了候选人能够接受的范围。面试反馈是，部门对候选人很满意，但是候选人却和猎头顾问说她想终止流程。于是，这位猎头顾问想知道如何说才能让候选人改变想法。在这位猎头顾问看来，这个机会无论是公司品牌、职位，还是薪资都是非常有竞争力的，候选人自己也承认对这些因素是满意的。

珍妮姐问那个猎头顾问："那你知道她不接受高频率出差的真实原因吗？这个原因有可能被消除吗？"

猎头顾问想了想说："我问过的，她说是家里孩子到了小升初阶段，她想投入更多的时间、精力在孩子身上。不过当时我想，这个职位的出差频率并不算高，机会也很不错，就没想再追问下去了。"

珍妮姐说："嗯。当时你应该和她确认清楚她能接受的出差频率是怎样的。还应该询问她，她的先生工作忙不忙，以及小孩的教育是不是只能依靠她。如果她的先生工作很忙，而小孩们教育只能依靠她，那么你想劝服候选人恐怕是没可能了。"

在探究候选人的跳槽动机时，如果猎头顾问在和候选人沟通的时候，只把关注点放在职场，却忽略了询问家庭情况，那就很难得到完整、准确的动机。尤其是对于那些已经"上有老，下有小"的候选人。

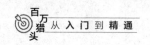

Q3 如何挖掘出候选人看机会的真实动机?

其实,大多数猎头顾问困惑的并不是有哪些动机,而是真正的动机是什么、有几个、哪个最重要。

猎头顾问都吃过动机误判的亏,区别只是次数的多寡。谁说自己从来没有误判过,那肯定是说假话了。如果对候选人的动机把控不准,不知道其真实所图的话,那么对猎头顾问操作职位来说是非常不利的。无论是对职位的营销,还是对后期 Offer 的谈判都会不利,甚至会导致候选人拒绝机会。在这些拒绝的情况里面,一定有些是本来可以被挽救的。所以,有经验的"老鸟"对新手都会一再强调把控动机。那么究竟如何把控呢?

我的总结是,从候选人的回答出发去追问问题,从候选人的反馈出发去分析问题。候选人回答动机时往往有所保留,甚至有意无意地误导,千万不要轻易信以为真。候选人出现这种情况,或许是出于提防、警惕猎头顾问的心理,或许是出于"难以启齿"的考虑,或许是单纯觉得无可奉告等。候选人的回答有 4 类,如下图所示。不管是哪一种,也不管候选人的态度如何,我们都要从他/她们的回答出发,去深入"挖掘"候选人没有说的那部分,从而仔细分辨真伪、判断虚实,最终得出自己对其真实动机的结论。

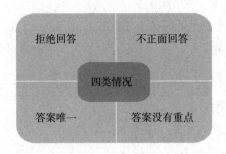

候选人 4 类回答图

1. 候选人拒绝回答关于动机的问题

◎ 你为什么要了解我跳槽的动机？想跳就跳了，想看机会就看了，没有具体原因。

◎ 看机会嘛，觉得机会好就看看呗。这还需要问吗？

◎ 我不是第一次面试了，这类问题被问得多了，我知道怎么回答。我们就别浪费时间在这个问题上了。还有没有其他具体问题？

……

具体话术参考

- 您是聪明人，知道面试时肯定会被问到动机的问题：您为什么要看这个机会？我们猎头询问您，无非是想给您做个面试问题预演，看看有没有可能帮您把答案变得更完美。
- 您不告诉我们，我们怎么帮您完善答案呢？
- 您不试试，怎么知道我一定做不到让您的答案"锦上添花"呢？

总之，表明是为了对方的利益、为了更好地服务对方。

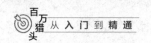

2. 候选人不正面回答关于动机的问题

◎ 为了更好地发展啊,谁跳槽不是为了更好地发展呢?

◎ 我和你说啊,我的情况比较复杂。(说了半天,并没有回答他为什么要考虑新的机会。)

◎ 为了更好地发展、这是个好机会之类的话,毕竟谁都会说,但太过笼统了,没有个人特色。

……

具体话术参考

- 招聘的人事、部门听到这样的回答,只会觉得太虚了,他们心里是不会认可的。还不如坦率、明确地说想要××,如更匹配自身能力的薪资。
- 您说的这些,我理解下来的意思是……,这些是您的跳槽原因吗?
- 不好意思,打断您一下,我想问的是您为什么想看机会,您能直说吗?

总之,猎头顾问必须表明:候选人目前的回答是不合格的,和其统一认识后,再做启发,让其说出具体的、让人信服的动机,如薪资、级别等。

3. 候选人关于动机问题的答案唯一

◎ 希望薪资涨一涨啊。

◎ 内部没有发展空间了。

◎ 换了老板,气场不合,不想再待了。

◎ 公司要搬家了,路太远。

◎ 公司组织结构变化了,觉得不稳定。

……

> 具体话术参考

- 您说的这个理由很客观/遇到这样的情况,换谁都想跳槽。
- 容我再多嘴问一句,您想跳槽的念头就只是因为×××?

4. 候选人关于动机问题的答案没有重点

◎ 看机会嘛,希望薪资涨一涨,职务升一升。最好跳去欧美公司。

◎ 内部没有发展空间了,转岗也没机会。老板换过了,听说我们公司下半年可能还会被卖。

◎ 公司要搬家了,路太远了。孩子小,老人身体不好,都需要我照顾。而且我现在加班太多了,自己身体也吃不消,天天九十点钟到家。

……

> 具体话术参考

- 您说的维度有点多哦,我先确认一下,是说××、××、××?
- 最后,对于任何一种情况,都不要忘记总结陈词。

最后必须指出的是,对候选人动机的判断绝不能"一纸判决定终生",而是需要根据职位的进展和候选人的不断沟通,反复地进行修正。既要修正自己之前误判的部分,又要在候选人想法改变时,及时修正变动部分。只有如此,才能最大限度地保证自己对动机的把控是实时、有效的,也才能对其动机给予及时、适当的引导和干预。在需要挽救 Offer 时,最大

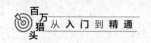

限度地避免错失先机。

案例分享

> 珍妮自己曾经遇到一个非常适合客户公司职位的候选人,候选人也表示非常乐意考虑,因为他觉得客户公司的口碑不错,且有不少老同事在里面工作,觉得我提供的职位他完全可以胜任,可以一试。可是我客观地说,这个机会对他来说就是平级跳动,一般来说,愿意平级跳动的人并不多,就算愿意也不应该如此积极。所以,我初步断定一定有隐情,只是候选人暂时还不愿意告诉我。而我必须知道隐情是什么。
>
> 于是,我继续和他沟通他的经历,直至沟通到老板的时候,候选人的情绪有些微妙的变化。他的用词不是那么的积极和肯定。于是我问:"是不是您和现在的老板配合得不是那么默契?"
>
> 最终候选人承认他的确是不想在这个老板手下做了,但是他也不想到处去说这老板不好。并且觉得这个跳槽理由于他不利,所以本来想闭口不谈的。
>
> 候选人的动机询问并非易事,需要足够的耐心、细心和敏锐度。只要觉得自己并没有真的掌控候选人的动机,那你就要一直追踪下去,直至找到答案。

·本章小结·

因为动机决定了候选人最终会不会接受 Offer,所以当候选人表示要考虑新的工作机会时,猎头顾问应尽全力掌握其真实动机,下面我们来回顾一下本章讲的内容。

★ 如何结合候选人的言、行，判断其真实动机？

★ 候选人的动机有哪 12 种因素？

★ 候选人回答动机有哪 4 种表现？对于每种表现，猎头顾问有哪些应对方法？

如果候选人"遮遮掩掩"，那么其可能刻意隐瞒了什么样的动机？

扫描二维码查看问题答案

CHAPTER 2

第 2 章
机会评估：好吗？不好吗？

Q4 如何了解候选人在目前公司发展的真实状况？

正所谓"人心隔肚皮"，候选人口中说出的和内心所想的未必一致。关于自己在目前公司发展的情况，候选人出于自我保护的考虑，未必会坦诚相告。这是人之常情。但是，如果能了解候选人在目前公司发展的实际状况，那么猎头顾问无疑能更好地确认其跳槽的真正动机，并评估这种动机是否足够强烈、迫切。

在猎头顾问面前，大多数候选人通常会说诸如"我在目前公司做得挺不错、挺开心，内部也是有机会发展的。如果外面没有特别好的机会，我是不会考虑的"之类的话，但事实未必如此。猎头顾问想要了解更多真相，通常有两个办法：追问候选人本人和向他身边的人打听。

1. 追问候选人

候选人现状评估五大角度如下图所示。

候选人现状评估五大角度图

> **具体话术参考**

（1）外部机会（打探对发展维度的关注度）

- 您说只看特别好的机会，那么您怎么定义特别好的机会呢？
- 从您定义的特别好的机会来看，目前公司的不足之处是否为发展空间有限呢？/您对目前公司的发展空间是否略有不满呢？

（2）内部晋升机会（打探虚实）

- 您提到目前内部是有发展机会的，能具体说说是个什么样的机会吗？
- 您提到的这个机会有具体时间吗，例如，您的老板已经许诺您今年年底兑现？
- 您觉得如果不离开现在的公司，您说的内部机会轮到您还需要多久？两年、三年？

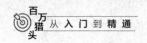

（3）内部老板（打探关系）

- 您在这家公司那么多年，老板换过吗？换过的话，您觉得哪一任老板最好？
- 听说您公司最近流动率挺大的，您现在的部门情况还好吗？
- 听说您所在部门的老板挺"厉害"的，您和他/她相处得如何啊？

（4）内部转岗（打探转岗可能性）

- 听下来，您在目前的部门已经到"玻璃天花板"了，您愿意内部转岗去别的部门吗？
- 您想去的部门，您觉得近期会有空缺吗？

（5）年度考核（打探工作表现和近期升迁情况）

- 冒昧问下，年底刚考评过，您明年/今年有升职吗？
- 冒昧问下，年底刚考评过，您明年/今年内部级别有升吗？毕竟级别升了的话，工资应该也会高些，总是好事。
- 听下来，您在自己部门是没有升迁的可能性了，虽然您的考评分那么高。大公司就是这么让人无奈啊！

2. 询问候选人身边的人

在建立和维护人脉时，猎头顾问需要聚焦在自己所专注的行业、职能上。人脉越广，关系越好，信息越多，办事越易。如果刚巧有信得过的熟人认识候选人，那么就事半功倍了，"想怎么问就怎么问"。但是对于在职位访寻过程中刚认识的候选人，恐怕就会因为陌生而感到不好意思。其实，只要话术得当，陌生人一样可以询问出很多有效信息。

尽可能找风格"八卦"、好打听、没心没肺的人；尽可能找利害关系小、不太可能发生利益冲突的人；尽可能地询问两三个人，以免偏听则暗。如果没有适合打听的人选，那么宁愿放弃询问，也不要搞得满城风雨、不可收拾。可以询问哪些人，如下图所示。

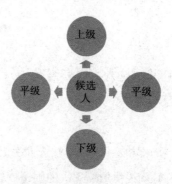

候选人的"身边人"图

总之，需要猎头顾问花心思去询问的候选人有两类：一类是很有希望拿到 Offer 的候选人；另一类是担心会出问题的候选人。

案例分享

一位候选人在一家公司已经工作多年了，偶然和珍妮闲聊时说起他最近想要看看机会。因为珍妮和他认识很久了，知道他一直无心考虑外面的机会，所以有些吃惊。在沟通中得知他一直在等的晋升机会落空了，不过他并不打算这么告诉其他猎头顾问，以免掉价。他自己首选的机会是自己老领导跳槽去的那家企业。最终他果然去了那家企业上班。

无独有偶，在另一个职位中，候选人始终不肯告诉珍妮他跳槽的实情。珍妮私下打听后，发现他和现在公司的直线老板不和，所

以才急着要离开。一直到 Offer 谈判阶段，因为候选人想要抬高身价，提出的薪资要求不合理，珍妮才把这个实情给点破。最后，候选人接受了 Offer。

可见，了解候选人在当前公司的处境是很重要的。这不仅能判断他是不是真心想看机会，还能在谈判环节避免不合理的诉求。

Q5 如何判断候选人手中有没有"内部机会"？

问题中所指的"内部机会"，是指候选人手上确实存在的机会，而非"画的大饼"。而猎头顾问提供给候选人的则是"外部机会"。从理论上说，内部机会和外部机会必然构成竞争关系。因此，尽早知道是否存在这样的机会，以及具体是怎样的机会，对猎头顾问而言至关重要。如果一直被蒙在鼓里，猎头顾问就会处于非常被动的境地。

1. 不清楚候选人手中的内部机会，可能造成各种不良后果

候选人犹豫接不接受 Offer 之际，无法"对症下药"，这可能会造成错失挽回 Offer 的机会。

候选人拒绝 Offer 之际，才"如梦初醒"地得知：对方的"娘家"早已给了更好的机会供其选择。

候选人拒绝 Offer 之后，才"误打误撞"地得知对方把自己当枪使了："老谋深算"的候选人为了成功获取内部机会，就借外部的 Offer（猎头提供给其的机会）抬高身价。

候选人接受 Offer、提出辞职后，现在的公司给内部机会加码，候选

人最终拒绝Offer之后，猎头顾问才得知原来其一直有内部机会。

以上无论哪种情况，对猎头顾问来说，都是忙前忙后，最后落得个"竹篮打水——一场空"。如果早知道其有内部机会，即使改变不了最终的结局，也可以早些开始访寻"后备人选"，以免在后期落后于其他竞争对手。

2. 需要确认候选人是否有真实的内部机会

具体话术参考

（1）在初步接触阶段、面试安排阶段询问

- 经过×××接触后，您觉得和内部机会比起来，我提供的这个机会更好些吗？
- 您觉得差不多的情况下，您倾向于"按兵不动"呢，还是倾向于"走出去看看"呢？

（2）在Offer谈判阶段询问

- 如果您确定接受这个Offer，那么您觉得内部的机会还可能加码来挽留您吗？
- 如果挽留您，您会怎么做？

（3）在辞职阶段询问

- 部门有拿内部机会挽留您吗？有的话，您目前怎么想？
- 内部机会开出的条件和之前的一样吗？

3. 候选人的两种心思

（1）候选人想看外部机会是真，但其内部有机会也是真

这种情况下，如果猎头顾问询问，那么候选人一般还是会告诉猎头

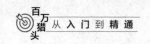

顾问的。对于其手上的内部机会,猎头顾问只需要明确这个机会的时效性,是即时的(现在至1个月内),还是近期的(3~6个月内),或者是中远期的(6~12个月内)。

至于内部机会具体是什么情况,一般候选人不会开门见山,一开始就告诉猎头顾问的。但猎头顾问可以在整个流程中,随着进度的推进、时间的推移,不断地询问、挖掘。争取尽早了解清楚,最晚也要在Offer谈判期间弄清楚状况。

(2)候选人想看外部机会是假,利用外部机会赢取内部机会是真

一旦满足以下三条,就值得警惕了,因为这个候选人有此意图的概率较高。

第一,告诉猎头顾问其没有内部机会,内部完全没有发展的可能。

第二,对猎头顾问提供的机会表现得非常积极、用心,和猎头顾问的配合度超乎寻常得高,给人的感觉是"我非常想要拿下这个Offer"。

第三,猎头顾问了解到其没有"非走不可"的原因,自己提供的机会照常理推断对这个候选人的吸引力并不至于让其如此积极主动。

当然,即使有所怀疑,我们也要保持该有的服务质量和态度。更重要的是此时心中就要有预案了,要抓紧寻找更合适的人选。

案例分享:

早年珍妮有过一个职位。一个候选人非常适合客户的职位,也表现得非常积极主动,合作得很顺畅,让珍妮觉得Offer在望,但同时又有种莫名的担心。因为珍妮觉得他的跳槽动机并不充分,但是怎么不充分,自己说不上来,也问不出来。只能自我安慰是自己想多了。后来候选人以薪资不满意拒绝了Offer,此事作罢。直到后来,珍妮认识了该企业的另一位候选人，与其闲聊时才得知真相：这位让自己莫名担心的候选人居然内部升职了，并且当初争取升职的理由之一就是外部有机会。这时珍妮才恍然大悟。

候选人积极配合猎头顾问固然是好事，但是正所谓"事出反常必有妖"，如果候选人积极过了头，那就未必是好事了。

Q6 如何判断候选人有没有其他的外部机会？

为什么需要判断候选人有没有其他的外部机会呢？理由和需要判断其有没有内部机会是一样的：只有了解自己提供的机会是否存在竞争对手，猎头顾问才能够更有的放矢地应对。当猎头顾问询问候选人这一问题时，候选人的回答只可能有如下 4 种情况。

1. 有说有

一般情况下，候选人会有说有（从其角度来看，这能体现出他的市场价值），但未必会知无不言、言无不尽。

需要确认以下三个问题。

◎ 有几个机会？

◎ 这几个机会分别处于什么样的进展阶段？

◎ 候选人对这几个机会的看法分别是什么？

恐怕有人要问：为什么必须关心所有的机会，而不是候选人最中意的某个机会呢？因为在尘埃落定之前，一切都是在变化发展中的。从头到尾不能有一丝一毫的麻痹大意，这正是猎头顾问工作的最大挑战，因为

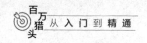

任何阶段都可能有问题会发生、有情况会变化。

> **具体话术参考**
>
> - 您这么优秀，又是在考虑机会，除了我以外，肯定有很多猎头顾问在联系您吧，您目前接触的机会有几个？
> - 您说三四个，到底是几个啊？
> - 您说的这x个机会，目前分别处于流程的什么阶段了？
> - 加上我给您提供的这个机会，您能不能给这几个机会排排序？
> - 您提到的机会有几个已经在Offer阶段了，那您为什么还愿意接触我提供的机会呢？

2. 无说无

一般情况下，候选人会无说无（从其角度来看，把无说成有并没有意义）。

需要掌握以下两个问题的答案。

◎ 内部会不会有机会？

◎ 外部会不会出现机会？

> **具体话术参考**
>
> - 没想到我这么幸运。既然您目前还没有接触到其他机会，那么是不是说如果我没有联系您，您目前并没有想过跳槽？真是这样的话，是不是您内部有更好的发展机会？
> - 无论是其他机会的进度比我这边快，还是您对我这边的机会的想法发生了变化，我想先拜托您：如果我们还在合作，那么只

要您有其他机会，就请告诉我。我只是希望等到我联系您时，不要出现您说已经接受了别家的Offer，或者您因为有其他机会而不打算继续接触的情况。那样，我这边会很被动，我的客户也会觉得您不够职业。

3. 有说无

候选人选择这么说，从其角度来分析，是其觉得若如实相告会发生以下三种情况。

◎ 猎头顾问会觉得其跳槽意愿强烈，容易遭遇薪资压价。

◎ 猎头顾问会认为其精力有限，一旦被其他机会分心，就未必能对自己提供的机会十分上心，所以容易不重视其诉求。

◎ 猎头顾问不会满足于其主动交代的部分，所以猎头顾问往往会一再打探下去。一旦手中各个机会的"老底"都被"揭穿"，候选人在后期的谈判中就难以占得先机。

总之，不管是哪种想法，候选人都是想充分维护自己的利益，这是情有可原的。但是，想成为"百万猎头"，我们不能因为对方不愿意说，就放弃问了。

此种情况也需要确认三个问题。

◎ 有几个机会？

◎ 这几个机会分别处于什么样的进展阶段？

◎ 候选人对这几个机会的看法分别是什么？

具体话术参考

运用条件：在接触几次过后，甚至是有面试安排之后，再进行询问。

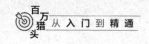

- 对了,您现在手上还是只有我这一个机会吗?您这么优秀,不会只有一个机会吧?
- 我听说××公司、××公司也在招聘类似的职位,您没有接触它们看看?
- 您说您最近的确在考虑外面的机会,我想到现在也有一段日子了,您手上不会只有我这边一个机会吧?您不妨和我说说,我好心里有底。万一,您已经有更好的选择了,我也好早做打算。
- 我知道有的候选人怕说了自己有几个机会,被认为特别想跳槽,到谈Offer阶段会被压价。但其实薪资到底给多少,完全是看用人方觉得给多少合适。
- 撇开薪资,如果候选人手里有几个机会同时在看,那么一般客户公司反倒是更希望如此,因为这说明候选人是真的想跳槽。

4. 无说有

如果候选人选择这么说,那么只要猎头顾问换位思考,就会感觉到其主要会有两类担心。

◎ 猎头顾问觉得其市场价值不高。

◎ 猎头顾问评估其跳槽意愿不强。

如果候选人的担心属于第一种情况,那么候选人只不过是有较强的虚荣心,但也说明其是真心想看机会的。

而对于担心第二种情况的候选人,猎头顾问就要特别警惕了,因为其往往没有多大的跳槽意愿,甚至是想利用外部机会来谋划内部机会。

不管是哪一种情况,想要辨别机会的真假,只需要多多追问。

> **具体话术参考**
> - 您之前提到的几个机会,目前进展如何?
> - 我听说那个机会已经找到人了,不会是您吧?
> - 你们公司今年扩张很厉害,到处在招聘人。您内部就没机会升职?

总之,不管是4种情况中的哪一种,也不管候选人不说真话究竟是出于哪方面考虑,如果想成为"百万猎头",那么都只能拿出勇气,利用话术想方设法去"打破砂锅问到底"。只有尽力尝试,才可能辨别真假、断出一二。

案例分享

珍妮群里有位猎头顾问求助过一个职位。他的候选人签了Offer,提出辞职后,告诉他遭遇了公司的挽留。他害怕候选人选择不离开了,想请教大家该怎么劝说。

珍妮姐问该猎头顾问:"公司挽留候选人一定开出了条件,具体是什么你知道吗?根据候选人目前的情况,你觉得这样的挽留有吸引力吗?"

该猎头顾问想了想说:"在我看来,与其说是挽留,不如说是老板在和候选人打感情牌。我真的觉得照理他不应该犹豫的。内部情况我也打听过,他的确是没什么空间的。"

珍妮姐接着问:"那么,外部呢?会不会有其他的Offer?候选人说没有其他机会未必是真的,你需要再询问一下。"

在猎头顾问的追问下,我们得到了真相:该候选人的确有另一个

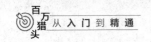

Offer，但是因为一直和猎头顾问说没有看其他机会，所以候选人不想让猎头顾问觉得自己在弄虚作假，才想到了开头的托词。了解到真实情况后，猎头顾问给候选人做了详尽的分析。最终，候选人选择了该猎头顾问提供的 Offer。

如果候选人有其他机会，无论是内部的还是外部的，而猎头顾问却没有尽力掌握清楚，那么会很容易陷入被动的境地。事到临头再想做候选人的思想工作，恐怕只能感叹木已成舟了。

Q7　当候选人手中有其他机会时，如何判断其是否会对我提供的机会构成威胁？

猎头顾问可以想方设法旁敲侧击，来获知候选人是否有其他机会在手，甚至有可能弄清楚其他机会的具体情况。必要时还可以从其他人那里打探。但是，候选人自己对机会的看法以及其内心的选择，只能向候选人本人打探。

当然，人各有异，即使两个人有着类似的外在表现，也不意味着有着相同的内心想法；反之，有相同的内心想法，两个人的表现也可能大相径庭（有的人喜欢直接、有的人喜欢绕弯）。猎头顾问往往只能靠自己的直觉去判断，靠观察去思考、分析，而这些都是建立在经验基础之上的，经验是需要时间慢慢积淀的。所谓积淀的经验，至多也只能让猎头顾问降低看走眼的概率，却不可能完全消除。因此，珍妮姐认为最佳的防御策略是，"从不在一棵树上吊死"，永远有备选人选。

当然，这并不意味着就不需要去做分析和判断了。在明确了分析判断的真正目标以后，猎头顾问需要更细致地考虑：何时找（时间）？如何找（方向）？

通常，猎头顾问在分析和判断时，可以从候选人的语言和态度两个维度着手。

1. 语言维度

前提：明确候选人有其他机会。

（尽管之前猎头顾问已经回答过，但是候选人还是在重复提问）候选人的询问话术通常有以下几种。

◎ 这几个机会都蛮好的，我需要都进一步接触看看，目前无法做判断。

◎ 你这个机会还要面试几轮？

◎ 你这个机会能给多少薪酬？你确定吗？（薪酬不是很高啊。）

◎ 他们公司提供××福利吗？

◎ 这个公司到底怎么样？（我听说××不是很好。）

◎ 我有其他的机会进展到后期了／准备给 Offer，不过你提供的这个机会，我还是想继续接触下去的。

如果出现类似以上这些话语，那么有两种可能：候选人并不钟情于猎头顾问提供的机会，在拿猎头顾问的机会和其他机会做比较；候选人钟情于猎头顾问提供的机会，反复和猎头顾问确认所获得的信息，希望一切如他所愿，使他能够获得最佳的机会。

2. 态度维度

珍妮姐个人更倾向于以此维度做判断，因为态度不如说话那么容易伪装。候选人对一个机会是否上心、在意、渴望成功获取，或多或少会表现在流程的细节中，如是否积极地跟进猎头顾问，是否配合询问及流程的进展，是否乐于分享自己的动态信息。最关键的是需要猎头顾问用

心去感受：其是否对机会抱着一种美好的预期，愿意做出积极的假设。

即使是同样的话语，从态度积极的候选人口中说出，和从态度消极的候选人口中说出，给人的感觉自然不同。前者让人感觉其正关注这个机会，因为想抓住这个机会而和你交流；后者则会给人一种漫不经心的感觉。要想成为"百万猎头"，一定要注意用心感受，只要肯多积累，就一定能分辨出来。

态度的不同还会体现在行为上。即使态度和语言给你的感觉没有问题，但只要行为上的配合度不够积极，往往就会"有鬼"。

其实对于猎头顾问所提供的机会，即使其他机会还没有构成威胁，但只要猎头顾问的机会对候选人的吸引力不足，就会导致其对猎头顾问的配合度不高。

通常的表现可以概括为以下几点。

◎ 你不找 TA，TA 不找你。

◎ 你若找 TA，草草应付。

◎ TA 若找你，抱怨多多。

再具体地说，如和候选人协调面试安排困难、经常不接电话、不回消息。当然，光有这些行为并不能说明候选人不配合，至少说明候选人不重视（尊重），可能是不在意这个机会，也可能仅仅是因为工作忙。但无论如何，值得猎头顾问警觉。

总之，在意机会的候选人（即使其不在意猎头顾问），在关键时刻是不会掉链子的。而且只要不是情商太低的候选人，绝大部分人都是能考虑到猎头顾问的感受的。

> **案例分享**

一次有位猎头顾问给珍妮姐分享了一个案例。她的一个房地产客户有一个区域项目总监的职位,找了一个候选人,各方面都挺合适的,态度也一直不错,关于职位问询了很多信息。本来她挺开心的,觉得很有可能这个候选人能接受Offer。结果是客户公司的确发了Offer,但是候选人没有接受。在她再三询问之后,这位候选人告诉她,他接了另一个Offer。她困惑地问珍妮姐:"怎样才能更准确地知道候选人有没有其他Offer?"

珍妮姐问该猎头顾问:"你说这位候选人问询很多,他主要都是问询哪些方面的信息呢?"

该猎头顾问说:"和其他人也差不多,比较关心薪资情况,直线经理情况。问过几次,还希望尽快安排面试。"

珍妮姐又问:"他非常急切地看外面的机会?如果是的话,原因呢?"

这位猎头顾问想了想说:"现在想来,其实他是希望早点走完面试流程,好比较Offer。因为据我所知,他并没有什么迫切的理由需要看机会,是我自己一厢情愿了。"

珍妮姐接着说:"你还可以回忆下他对你的态度。他在各个阶段的沟通过程中,与你的配合度如何?尤其是到了Offer谈判阶段是如何的?一种是想接受这个Offer;另一种是只想拿这个Offer去和别家的作比较。两种情况下,人的心态是截然不同的。心态不同,多少会在他的态度和语言上表现出来。"

该猎头顾问沉默了会儿说:"是的。今后我真的要多关注态度。

只做询问的话,很多人是不会承认的。"

总之,候选人关注什么就要去了解他关注的原因。有非同寻常之处就一定要去弄明白。

·本章小结·

当候选人开始考虑新的职业机会时,必然会面临多种选择。为了做到"知己知彼,百战不殆",猎头顾问不仅要明白自己提供的机会只是其中之一,更要尽全力知道候选人有哪些选择。本章讲述的就是如何尽可能掌握这些信息。

★ 如何了解候选人在目前公司的实际发展情况?
★ 如何了解候选人在目前公司内部是否有新的机会?
★ 如何判断候选人是否有其他公司的机会?
★ 如何将候选人的其他机会与你提供的对比、判断孰优孰劣?

如果要打探候选人手中的其他机会,那么是否存在所谓的"最佳时机"呢?

扫描二维码查看问题答案

CHAPTER 3

第 3 章
机会营销：看看吧，看看吧！

Q8 如何提炼出提供职位的卖点？

我们习惯性地为事物找优点和缺点，但实际上，所谓的优点、缺点是仁者见仁、智者见智的。本书接下来都会以特点来统称，特点既包括传统看法中的优点、缺点，还包括无法归为这两类的中性特征。只要是特点，就有可能是卖点。

找出卖点有以下三步。

1. 收集信息

渠道包括：自身已知的信息；客户公司的人事、部门，客户公司的其他人员，业内人士等人脉；官网、论坛、社交类网站、移动终端等网络渠道。

2. 分类归纳

分类归纳尽可能做得细致，越细致越容易厘清自己的思路，且更容易反馈出收集阶段的实施效果。如果有疏漏之处，那么可以及时补救。

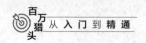

（1）公司维度

◎ 目前的业务状况。

◎ 未来的发展前景。

◎ 组织结构特点。

◎ 领导层特点。

◎ 公司文化特点。

（2）职位维度

◎ 职能范围。

◎ 职权大小。

◎ 工作特点（加班频率、出差频率、倒时差开会频率等）。

◎ 内部发展空间。

（3）人际关系维度

◎ 汇报线关系情况。

◎ 汇报线背景情况。

◎ 团队成员情况。

◎ 团队氛围好坏。

（4）薪酬福利维度

◎ 薪资在业内的水平。

◎ 福利在业内的水平。

◎ 具体的薪资结构情况。

◎ 具体的福利制度情况。

3. 需要找出候选人所关心的各个维度及每个维度内的落脚点

这里面包括两个层次。第一个层次是候选人具体关心哪几个维度。比如候选人甲关心的是薪酬福利、公司职位维度；而候选人乙关心的却是薪酬福利、人际关系维度。第二个层次是每一个维度里，具体关心什么方面的问题，即关心的落脚点在哪。比如薪酬福利维度，关心的是奖金的发放问题还是奖金的浮动比例问题，关心的是带薪休假的天数还是实际的请假情况。

最后，请务必针对候选人所关心的维度，将你自己总结的职位特点做个性化的说明。换句话说，并不是要你把所有内容一口气和盘托出，而是要挑候选人想知道的部分去答疑解惑。

案例分享

有次珍妮群里有个猎头顾问询问："介绍职位的时候，要不要直接说职位能给多少薪资？并且如果遇到说不考虑的，要不要直接放弃？"群里各执一词，展开了讨论。说应该放弃的猎头顾问认为，大多数人都很看重薪资，说了薪资后拒绝你的人，基本上就是拒绝了，没什么挽回余地，但是也节省了大家的沟通成本。说不应该放弃的猎头顾问认为，很多人看重薪资没错，可是大多数人看机会也不会只看薪资。如果只拿薪资说事，那么很容易引导人往薪资角度优先考虑，反而不利于自己对机会的卖点进行阐述，即很可能候选人不给你机会说别的方面就拒绝你了，但本来还是有机会引导的。

对此，珍妮姐觉得，两边说的都有道理，但是两边都不站。到底应不应该是需要看人的。

无论薪资是不是你机会的卖点，你都得先明白候选人关心的维度是什么，然后再判断里面含不含你的机会卖点。含的话，自然要说。不含的话，自然要避。毕竟初次沟通的本意是开启对话，而不是关闭对话。通过初次沟通，我们是希望了解这位候选人的基本情况，并初步判断其是否匹配我们手里的机会；如果不适合，那么还要预估、记录其可能想要的机会。这样，将来一旦有了匹配的机会，我们就可以在第一时间联系这位候选人。

当然，不否认有些行业的候选人习惯性地先谈钱。但即便如此，也不应该遭遇拒绝就放弃。猎头顾问的真正价值就是做好"人岗匹配"。而要做好"人岗匹配"，猎头顾问就绝对不能轻言放弃，而是需要尽可能地多方打探了解。

Q9 如何将职位的卖点和候选人的需求匹配起来？

将职位的卖点和候选人的需求匹配起来一共有以下 6 步。

◎ 分类归纳职位特点（详见 Q8）。
◎ 引导候选人说出自己的需求。
◎ 归纳候选人的需求后，判断各个需求属于分类中的哪个/哪些维度。
◎ 在各个维度，进一步了解候选人的具体要求。
◎ 对照候选人的具体要求和职位卖点，挑选出匹配的部分。
◎ 全力以赴提高候选人对于匹配部分的兴趣度（关于如何处理不匹配的部分，将在后续问题中阐述）。

案例分享

在我曾经的理解里，要更好地平衡家庭与工作，就意味着少出差、少加班。然而现实是，虽然一些候选人从一开始就口口声声说，要平衡家庭与工作，但他们还是会接出差和加班并不少的Offer。难道他们的这个诉求是假的，或者说并不重要？我一度感到很困惑。直到我真正理解了"不懂就问"之后，我才明白一个真理：关于"多"和"少"，每个人心中的衡量标准是不同的。我们猎头顾问需要做的，就是了解清楚对方的标准究竟是什么，这样在进一步沟通时，才能保证彼此的理解没有误差。

一次和一个资深的女候选人吃饭时，我得到了上述的启发。我配合她成功地拿到了Offer，当时是她入职1个月左右。因为知道自己提供的这个机会出差挺多的，所以我就忍不住问她："如果我没有理解错，这次看机会，您一直很强调家庭与工作的平衡。说实话，我自己一直觉得这个机会无论从职位、薪资，还是工作职责来说都是不错的，唯有家庭与工作平衡上，似乎比您之前的工作并没有太多的改观，还是一样有很多时候需要出差。所以，我很想知道您目前是否过得不错。"她笑了，说："Jenny，你真实在。我也很感谢你对我的这份关心，这点真不容易。我在想，可能是你的年纪还小，在你看来平衡是个绝对时间的问题。但是，在我看来，平衡更多的是一个精力问题。现在的工作虽然出差也很多，但是工作的节奏和强度没有那么大，或者说我自己可以调控的部分更多。所以，当我不工作的时候，我有更多的精力去带娃。以前，我回到家就只想睡觉。"

那一次谈话之后我才开始明白：之所以很多时候我们会觉得自己操心不够，有时却又会过度操心，都是因为我们并没有真正理解候选人要的是什么，没有发现其看问题的角度和我们并不一致。

所以，多询问既是猎头顾问的基本功，又是成为"百万猎头"最简单、高效的做法之一。

Q10 当职位机会满足不了候选人的某些需求时，我该怎么办？

如果职位特点和候选人的需求完全匹配，那自然是如抽中上上签一般。但实际上，这等好事发生的概率并不高。绝大多数的情况是，对照候选人的需求，猎头顾问提供的职位只能部分匹配，甚至完全不匹配。如果确认无疑是后者，那么自然是"回天乏术"，只能放弃。但若是前者的话，就需要具体问题具体分析，见招拆招，不能轻易放弃。

所谓具体问题具体分析，就是要分析不匹配部分的重要性，即在候选人心目中占据什么位置。一般分为以下三种位置。

第一，无关痛痒的位置，即无足轻重的小问题，可以选择不处理或淡而化之处理。

第二，有一定重要性的位置，即需要引起重视的问题，必须慎重处理。

第三，非常重要的位置，即需要拉响警报的问题，必须格外慎重处理。

从以上三种位置客观来看，无论哪种都属于职位情况与需求不匹配。那针对以上情况究竟该如何应对呢？

1. 绝对不能欺瞒、欺骗

这是诚信问题，是做人的原则和底线。千万不要天真地以为自己能够"瞒天过海"，蒙混过关。即使候选人被成功地"骗"进公司，早晚你也会入选候选人的猎头黑名单。一旦丧失了客户的信任，一个公司就完蛋了；对个人影响也一样恶劣，千万别因小失大：表面上谈成了一个Offer，实际上却失去了成功打造个人品牌的机会。若是屡次为之，那么迟早会断送自己的职业生涯。

2. 学会避重就轻、扬长避短地说明客观情况

（1）避重就轻

不匹配的部分要以积极的方式、以候选人能接受的方式告诉他。同样的信息，如何去沟通，这里面的学问很大。想做"百万猎头"，首先需要培养自己的正向思维能力，凡事都从"YES"的视角去思考。

（2）扬长避短

把说明的重心放在匹配的部分上，让候选人的关注点聚焦在积极的信息上。好的猎头顾问甚至能够结合职位的特点，有意识地挖掘候选人的潜在需求。若这一潜在需求与职位特点匹配，则可以加入重点说明的行列。这样，候选人的关注点就会从不匹配的部分转移开来，从更多积极的角度来评估机会。

不管采用上述手段中的哪一种，目的都是让候选人愿意继续和职位接触。猎头顾问要引导候选人自己推动自己，去做进一步的了解和判断。或许随着接触的深入，候选人在能做全盘考虑、综合评估之时，就可以容忍存在不匹配的部分，甚至并不认为这是不匹配的部分了。毕竟即使信息来自客户公司，猎头顾问也不能保证其一定是100%真实的，没有受到过主观化的有意或无意的扭曲。如果考虑到这些真真假假的信息中，既有和候选人的需求匹配的部分，又有不匹配的部分，那么"避重就轻"和"扬长避短"的手段就十分必要了。猎头顾问灵活采取这两种手段，可以有效地维护各方的利益。

如果猎头顾问不懂得语言的艺术，也没有重视候选人的心理因素，那么可能从一开始就"把天聊死"，过早地把候选人给"逼走吓退"。无论对猎头顾问自己、候选人、客户公司等任何一方来说，这都是一种遗憾。

案例分享

接触过广告和公关公司的猎头顾问都知道，因为这类公司加班很多，在其中任职的候选人俗称"加班狗"，所以如果他们想换个环境，那往往都挺乐意往客户方（甲方）跳槽的。这类候选人最主要的诉求之一就是少加班。

珍妮姐曾经有个职位，遇到的候选人也有这个诉求。当时，他看中了我介绍的某个甲方客户的机会。但据我所知，这家客户加班也很多，甚至业内风评说比乙方还要多。候选人希望对此有个明确的说法。为此，我询问了 HR，也询问了部门，给了他一个回复。实际情况的确是加班和乙方相比，只是略少或基本持平。候选人当时听了可以说挺受打击的，表示要考虑考虑。

在他说要考虑考虑的期间，我梳理了甲方、乙方的发展路径，重点是结合他当时的年纪，指出了甲方经验的空白对其今后发展会有不利影响。并且，我得知他之所以想少加班，是因为孩子的教育到了需要大量投入的阶段，他想在这方面多花些时间和精力。于是，我进一步重点和他分析了家庭维度的支持系统。最终，候选人不但答应考虑且拿到了 Offer，并在那里做了整整 5 年，还升职到了总监。

无论从哪方的立场来说，这个职位的结局都是理想的。但也有不少不理想的结局。我想说，不能因为害怕不理想的结局就欺骗、欺瞒，因为不合适就是不合适，骗得了一时，骗不了一世。

猎头顾问能做的就是该分析的分析，该引导的引导，相信候选人会通盘考虑的。千万不要只想着做"一锤子买卖"，而鬼迷心窍地"指鹿为马"，到头来把候选人和自己都坑了。

Q11 如何挖掘候选人的潜在需求？

所谓潜在需求，一类是指候选人自己都没意识到的客观需求；另一类是指候选人虽然意识到了，但不懂如何充分表达的需求。对于这两类需求，猎头顾问需要针对候选人的具体情况，用心去挖掘和引导。

> **具体话术参考**
>
> - 您没有提到××方面，这个方面您是怎么想的？
> - 根据您前面说到的××（老板管得很死），是不是您更倾向于/喜欢/接受××（放权的老板）？
> - 您前面有问到××（缴纳五险一金，以下简称"缴金"）问题，您是不是对××（"缴金"）比较在意？

如果要做有针对性的发掘与引导，就需要猎头顾问有很高的综合素质：需要猎头顾问非常擅长倾听，不仅能听出内容，还能听出情绪，更能听出意图；不仅能听出候选人自己在意的点，还能听出他本人都没发觉的重点，或者刻意隐瞒的点。

这些都需要猎头顾问先有意识，后有实践，不断地积累经验，在反思和复盘中成长。

案例分享

一些职位是需要异地跳槽的。涉及异地跳槽的职位，往往都会比较波折，即候选人拒绝 Offer 的比例相对会高出不少。可能有的猎

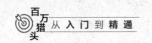

头顾问会想,候选人这么大的人了,对于这么重大的问题,怎么会考虑不清楚呢?怎么会谈了半天,最终变卦呢?

且不说人心善变,很多时候,候选人其实是很迷茫的,既没有把握清楚自己的真实诉求,也没能从身边的人那里得到及时的帮助。这中间也有我们猎头顾问的责任。

珍妮姐遭遇的第一次候选人拒绝接受录用通知(Offer Turn Down)就是因为异地原因。从此,我对于异地的职位都特别上心。不管单身与否,有家庭与否,都会问得特别细。反复强调要和家里人商量,要询问家里人的意见及如果换城市,接下去的安排有没有很明晰的计划。

其中有个被我自己"搅黄"的机会,令我印象特别深刻。当时候选人说自己的工作一直很忙,都是太太全职照顾家庭和孩子的,即使不异地,其实每个月的见面次数也不多。所以,异地根本不是问题。而我当时就问:"那您孩子多大了?"候选人回答说:"今年要初升高了。"我说:"原来是这个时间节点,那对孩子来说挺关键的。您或许需要回去再和家人商量商量,也可以问问孩子的看法,毕竟孩子也不小了。"候选人当时就回复说孩子从小就很独立,很有想法,成绩也很不错,他并不担心等。不过他还是按我的建议问了,周末回复我说,暂时不考虑新的机会了,但很感谢我的建议,长谈了一次之后,发现自己这个父亲做得很失职,自己缺位很久却不自知等。

后来我们一直保持着联系。虽然对我来说,当年损失了一个非常合适的候选人,但是对他们家庭来说,我觉得这才是最好的选择。毕竟工作是为了生活,猎头顾问并不仅仅是销售。

· 本章小结 ·

所谓"人岗匹配",本质是实现一种对等的交换:人才付出多少劳动,企业给出相应的报酬。猎头顾问需要同时帮助两者,让双方更客观地评估彼此之间的匹配性,降低不合理的预期。本章关注候选人,详细探讨猎头顾问如何助其评估匹配性。

★ 如何精准地分析职位的卖点?

★ 如何匹配职位的卖点与候选人的需求?

★ 如何挖掘候选人的潜在需求?如何匹配潜在需求与职位卖点?

"为什么候选人不看那些我以为的卖点?"——猎头顾问如何避免自己陷入思维陷阱?

扫描二维码查看问题答案

CHAPTER 4

第 4 章
Offer 谈判：谈什么？怎么谈？

Q12 如何确认候选人真实的薪资期望？

和确认候选人真实的跳槽动机相比，确认其真实的薪资期望的难度丝毫不低，甚至更高。对于一个 Offer 而言，薪资部分的重要性不言而喻。很多时候，一个 Offer 最主要的谈判点就是薪资。对于薪资谈判，猎头顾问需要做的步骤如下图所示。

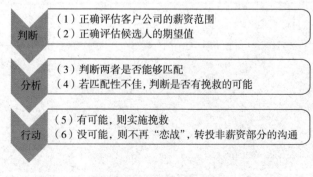

"判断—分析—行动"三步图

站在候选人一边，对薪资的期望自然是越多越好，这是其得到的部分；站在客户公司一边，对薪资的期望自然是越少越好，这是其付出的部分。前者的收益是后者的成本，两者本身就具有矛盾性。下面我们来看一下如何平衡两者。

1. 不偏袒

很多刚入行的猎头顾问都会倾向于帮候选人，这可能是人的本能。但无论原因是什么（觉得个体是弱小的，和候选人更有亲近感，候选人的薪资越高，则自己的佣金也越高），如果一味地帮候选人争取，那么下场只可能是谈判破裂。要知道，出钱方不肯出钱，一切都是白搭，无论是候选人的Offer，还是猎头顾问的佣金。

猎头顾问真正需要做的是，了解清楚双方的意愿（一方能给出多少、另一方愿接受多少）后，努力让双方达成共识，这样三方才能共赢。虽然一方可能要多给出一些，或者另一方可能要少得到一些，猎头顾问从这个Offer拿到的也不是理想的佣金，但比起三方都一无所获而言，这已经是最好的结局了。虽然并非只要猎头顾问肯付出努力，就一定能让双方达成一致，但只要还没有达成一致的预期，猎头顾问就当付出应有的努力。这个道理说起来大家都认可，但做起来很难。

说到"百万猎头"和普通猎头顾问的区别，不仅体现在能否帮客户把看似谈不拢的低薪资谈拢，也体现在能否帮候选人把薪资价格谈得更高，还体现在能否掌控谈判的节奏，让客户和候选人都对自己的服务满意。要达到这样的境界，需要付出大量的心血和长期努力。

2. 了解薪资期望的最低值

猎头顾问只有明确了这个最低价格后，才能预测谈判的难度如何，即薪资是否会落在客户可以接受的范围内，从而决定自己下一步该做什么：是打压候选人开出的价格呢，还是直接向客户公司要求更高的薪资？

虽然我们总会认为谈判是拉锯战、你来我往，但实际的薪资/Offer谈判过程中，很多公司，尤其是大公司，并不愿意在讨价还价上耗费时间。通常这些公司只肯给两次报价，这样候选人就只拥有一次报价的机会。因此，猎头顾问在向客户公司的人事开口前，对候选人薪资期望底线的把握就至关重要了。一旦把握不当，就很可能造成谈判失败且无回旋的机会了。

3. 战术建议

（1）流程方面

全程问价：猎头顾问要反复确认当前阶段的最新报价，以便做出及时应对。

价格维稳：维护合理价格，防止任何一方跳价。

打压趁早：如果候选人要价过高，那么越早打压越好。只有通过持续打压，才能达到"滴水穿石"的目的，让候选人一步步接受最终的价格。

（2）谈判方面

以情动人（打战友牌）：高举"统一战线"。

以理服人（打专家牌）：举出类似案例的薪资情况、行业水平数据等。

围魏救赵：把候选人的注意点转移到其他维度。

里应外合：和客户公司的人事打配合战。

软硬兼施：强硬和非强硬的姿态要交替出现、适时发挥。

当然，一切的基础在于信任，有信任才有真话。

> **案例分享**

对猎头顾问来说，一半的失败在于薪资谈判。其中最难的一种情况是，候选人既不肯告知现在的薪资，也不肯明说薪资期望。就此来询问我的猎头顾问很多。

有位猎头顾问有一个医药高管的职位已经到了 Offer 阶段，客户公司不肯出具体薪资，希望候选人报价，而候选人也不肯报价，希望客户公司出价。据她多方了解与打听，客户的想法是薪资不会高于 200 万元，而候选人的想法是没有 200 万元就不用谈。如今真的要谈薪了，彼此等着对方出底牌，因此陷入了僵局。

我告诉她，如果她之前打听的消息比较可靠，而候选人的期望也的确是如此，那么这个 Offer 谈成的可能性本来就不大。在这种情况下，完全可以放手一搏。

所谓放手一搏，就是置之死地而后生的策略，告诉候选人会替他拒绝客户公司。客户公司虽然没有明确说能给多少薪资，但是上限水平大致是知道的，既然上限水平也不符合候选人的期待，那么只有替其拒绝。

果然在用了这招后，候选人的态度马上转变了，表示还是可以继续沟通的。最后，薪资谈到了 180 万元，而他当前实际只有 150 万元。

很多时候候选人不愿意报价，其实不过是因为害怕报低了会处于不利的地位。一旦被告知不报价就不需要谈了，那么在意机会的候选人还是会报价的。与其说猎头顾问赌的是候选人在意机会与否，不如说猎头顾问要明白以退为进，敢于拒绝的重要性。

Q13 如何确认客户公司给出的薪资范围?

客户公司可能给出了薪资范围,也可能没有给出薪资范围。

1. 客户公司没有给出薪资范围

有时是因为刚开始合作还没有太高的信任度,有时是因为职位本身有特殊情况,所以客户公司不愿给出薪资范围。此时可以用的办法是先追问人事,后用候选人试水(trail)。即使客户公司的人事表态说:关于薪资无可奉告或一无所知,猎头顾问也应秉持"问出多少算多少"的原则,首先继续追问人事,其次根据自己的经验估算,再次联系与其同一或相近行业的候选人,打听该公司、该类职位的薪资情况,最后用第一批人选试水。

如果对职位的常规薪资比较有把握,那么第一批推荐人选可以这样准备:安排两三位候选人,薪资分别居于高、中、低位;如果不那么有把握,则索性就安排一位候选人,薪资居于高位或超高位。根据客户给出的反馈,猎头顾问就可以做有针对性的询问,从而判断薪资的大致范围。两三次之后,薪资范围基本就"浮出水面"了。如果一个猎头顾问对行业、公司、职位都非常了解,那么即使客户公司没给出薪资范围,其实也并不会影响其做单。

具体话术参考

- 您说这个职位的范围是开放的,具体看人的素质,但根据职位的Level来看,这个职位应该还是有个上限值的,您能告诉我吗?
- 如果我们送的人的薪资过高了,那么不是浪费大家的时间吗?

（1）接到职位追问人事时

（你对行业应该挺了解的，薪资我想不用我说，你应该清楚。）您过奖了，我虽然对行业比较了解，但对您公司不那么了解。毕竟我们是初次合作，您想考验我也好，职位有什么隐情也好，我都理解，但我还是希望您能给个薪资范围或上限，否则……

（2）推荐人选反馈时

- 您说送的人选薪资高了，高多少？
- 您说送的人选薪资太高了，那么您目前是有薪资范围喽，您能告诉我吗？
- 您说送的几个人选您觉得都不错，但给部门看了，部门都没看上。您能不能帮忙再确认下原因呢？是不是薪资问题？

根据珍妮姐及很多猎头顾问的经验，如果客户公司不愿意给出薪资范围、职位也非高管职位的，那么有80%以上的概率是一个低薪机会。即客户属于"既要马儿跑得快，又要马儿不吃草"的主，提供的薪资低于能够匹配其要求的人才期望，甚至低于行业平均水平。

人事之所以不愿意说明薪资范围，主要是怕一旦透露薪资范围，猎头顾问就没有动力做单了。

猎头顾问尤其是刚入行的新人必须理解：很多时候，人事在公司内部处于支持部门的位置，即并非有很大的话语权。如果一家公司给不起薪资，却又不愿意降低对人才的要求，那么招聘很容易陷入僵局，导致常年招聘不到人，或者招聘到的人很快就会离开。对于这样的客户，若无特殊

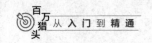

原因，猎头顾问还是尽早放弃合作为佳。

2. 客户公司给出薪资范围

职位无特殊情况下，猎头顾问通常会得到职位的薪资范围。猎头顾问对于老客户，只需要根据自身积累的合作经验行事便可，最多是找业内熟人、公司线人再打听下薪资范围。对于新客户，除了个人经验评估、人脉打听外，猎头顾问更需要多拿人选试水，这样才能知道客户给薪资范围的习惯，即习惯偏高还是偏低。

珍妮姐的经验是，除非和客户公司的人事彼此非常信任，否则拿到的薪资范围也不会是100%正确的。一般都需要猎头顾问自己进行微调处理。一般而言，如果客户公司给的范围过大，那么猎头顾问自己需要缩小。例如，客户公司给的薪资范围为30万~50万元，猎头顾问就应拆成30万~40万元和40万~50万元两个区间，分别找人、送人。反之，猎头顾问需要做放大处理。例如，客户公司给的薪资范围为30万~35万元，猎头顾问就需要放大到30万~40万元，只要候选人的期望在这个范围内的，都可以送送看。

有时候客户公司给的薪资范围会过大，这通常是因为其内部有一高一低两个级别。最终是用高一级还是低一级的人，取决于部门的真实想法。因此在初期形势不明朗时，猎头顾问就应多送人，并保证候选人层次和薪资区间的差异性。

有时候客户公司给的薪资范围又会过小，这是由于人事要控制成本，或者想留有余地。这种情况下，因为薪资范围的上限通常是可以谈的，所以猎头顾问可以自行适当放宽尺度。

如果要进一步精确地知道薪资范围上限，那么可以采用二次锚定法。使用的前提是人事愿意正面回答猎头顾问的提问。

二次锚定法的使用举例如下。

HR：这个职位的薪水 open，你抓紧送人。

猎头顾问：我有个很合适的人，不过期望薪资要 80 万元。你们会考虑吗？

HR：人真的好的话，可以给我看看。（第一次锚定，80 万元搞定。）

猎头顾问：我还有个人，还要贵点，我也觉得贵了，估计期望要 100 万元。

HR：100 万元太贵了。（第二次锚定，100 万元不行。）

案例分享

如果有些客户公司没有给职位开出薪资范围，或者给出的薪资范围到较后面的阶段，才被发现是不准确的，那么猎头顾问到底要怎么判断真实的范围呢？除了锚定法外，还有很重要的一点，就是要敢于尝试。

有家美资客户公司要找新媒体营销经理，一开始说薪资不会超过年薪 40 万元。看到客户公司对职位的要求后，珍妮姐认为对于这么高的要求，年薪 40 万元的人绝对无法满足。而且当时新媒体营销刚起来不久，人才本就稀缺，真正懂行的人的薪资都持续在上涨。找了一圈，在送了些符合薪资范围的人试水后，我就决定放宽薪资来找。基于两点考虑：一是对客户要求及职位设定的理解，即要求高，有空间；二是对市场的理解，即符合要求的人薪资一定是超过范围的。最后送了个年薪预期 60 万元的候选人，被客户一眼相中，最终以 55 万元成功入职。候选人进去后，大展拳脚，将引入中国的新品牌做得很不错，可谓皆大欢喜。

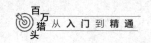

希望成为"百万猎头"的读者请牢记：当竞争对手都被框死在薪资范围内时，只要你敢于尝试突破，就可以轻松胜出！

Q14 如何让候选人和我结成"统一战线"，不会试图绕过我去跟客户公司的人事沟通？

Q14包含了两个层次的小问题：第一个层次是如何让候选人信任你；第二个层次是如何让候选人足够信任你，不会考虑私自行动。

对于第一个层次的小问题，珍妮姐的看法是，在避不开的利益牵绊下，你能够做的是用共赢的思维去想问题，从换位思考的角度去说事实。聪明的候选人肯定会琢磨你在职位里的利益。只有当候选人感觉你把其利益放在自己的利益之上时，其才可能信任你；只有当候选人觉得你把其利益放在了最高的位置，不但高过你自己的，而且高过客户公司的时候，其才可能愿意和你建立"统一战线"。所谓"统一战线"，即你们的目标是使候选人的利益最大化。这里的利益不仅包括薪资，还包括其他方面。一旦候选人发现，甚至只是感觉你没有为这个目标而努力，就随时可能撇下你，自己孤军奋战去追求心中的目标。

如果候选人够聪明，那么他不仅明白你的佣金和他的薪资挂钩，而且知道佣金由你的客户公司，即候选人未来的东家来支付。换句话说，在可能存在一无所获的风险时，如果你有多少拿一些佣金的想法，那么你最可能采取的策略是，和客户公司一起向候选人施压，降低其可得的收益（薪资）。如果使候选人形成这样的想法，那么你要获得其信任将非常困难。如果候选人不那么信任你，那么你需要做的努力将会很多。而正是这类候选人里面，会出现让客户公司特别倾心的且愿意与之周旋的人。可惜的是，这类候选人谈判破裂的情况比比皆是，因为其不缺少机会，也就不愿意妥协。

当然，不管是遇到一些聪明、理性、利益至上的候选人，还是另一些不那么聪明、理性、利益至上的候选人，对于猎头顾问来说，要获得信任、达到"统一战线"的高度都是困难的。

猎头顾问能做的，除了平日里做个热心肠的人，想人所想、急人所急，让人觉得是个"知心小姐姐""暖男小哥哥"外，更重要的是在职位合作的过程中，能用共赢的思维去思考问题。每当遇到问题时，猎头顾问始终应从这个角度出发，去想解决方案，并且要引导候选人也从这个角度思考。

在沟通的时候，尽量从候选人的视角出发去剖析问题、阐述观点，永远要表达的是"为了您的利益考虑，我们需要怎么做"，始终、无时无刻不在强调候选人的利益。

> **具体话术参考**
>
> - 我和您一样，也希望薪资谈得越高越好，所以我肯定会尽力而为的。
> - 客户招聘之所以会用猎头渠道，就是为了在薪资谈判的时候能由猎头顾问出面去谈，这样大家都可以留有退路。您千万别自己出面。
> - 您对我的顾虑我也很理解。您担心中间传话出问题，您担心我不能帮您谈出最好的价格等，但是，于流程、于利益考虑，都由我出面去谈更合适。

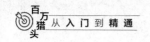

对于第二个层次的小问题,珍妮姐的看法是,对于提出想亲自去操作薪资谈判的候选人,轻者予以引导,打消其念头;重者应晓之以理,说明其中的利害关系;对于非常执着的候选人,则应趁早主动放权。

猎头顾问只应对于两种候选人主动放权:第一种是极度不信任他人的人,第二种是完全不愿意妥协的人。

凡事与其被动,不如主动。与其被人事告知候选人亲自找她/他沟通,甚至被人事投诉、让人事产生不满情绪,不如主动告知人事,说明候选人要求找她/他沟通薪资,以及为什么会这样做。

与其反复告知候选人"我是为你好,我会为了你的利益而努力""公司只能给那么多""薪资只能这么高了",不如让其自己去谈,他自己参与了,也就没什么可以指责猎头顾问了。

事实上,无论最终结果如何,对于猎头顾问来说,都无害。可能的情况有:谈拢了,猎头顾问坐收渔翁之利;谈不拢,候选人或人事任何一方会想到求助于猎头顾问。若谈拢了,候选人对猎头顾问就"死心塌地"了,客户公司对猎头顾问也会有加分印象;若谈不拢,也在情理之中。

采取主动放权的策略,即默许候选人和人事做直接的沟通。在这种情况下,猎头顾问和人事沟通时所需的具体话术参考如下。

具体话术参考

- 关于Offer的薪资,候选人××想亲自和您谈,他认为只有人事说的话才可信,那么我想这个权利还是要给他的。谈过后,还麻烦您知会下我,看看接下去我还能做些什么。
- 候选人××最近和我谈了谈,有意绕过我们猎头顾问来和您直接沟通,所以如果您这边突然接到他的电话,千万别意外,麻烦您听听他怎么说。我们到时候根据具体情况再看怎么配合。

必须提醒各位猎头顾问，有一种情况相当棘手：客户公司的人事拒绝和候选人做直接沟通。客户公司人事的意思是"你是猎头，你得负责搞定，搞不定就拉倒"。如果出现这种情况，猎头顾问可以考虑的做法是等等看，即看看候选人自己有没有本事联系到人事。等候选人联系到人事后，再看如何进行下一步。

如果深究出现这种情况的原因，那么一般有三种可能：第一种是人事本身责任感不强，不愿意揽事，觉得用了猎头渠道，这就应该是猎头顾问的事；第二种是人事觉得候选人条件不理想；第三种是这个 Offer 和人事的绩效关系不大，人事觉得候选人接不接 Offer 都无所谓。

不管是上述的哪种情况，也无论人事是哪种人，猎头顾问都需要努力提升自己在人事心目中的地位，提高人事对自己的认可度、信任度乃至依赖度。只有和人事建立起良好的合作伙伴关系，其才会愿意帮你做事。虽然从理论上讲，参与薪资谈判本就属于人事的义务，但实际操作时，并非每个人事都会这么想。尤其当人事在客户公司有一定的背景、关系、话语权时，猎头顾问更要小心为上，避免"触雷"。

当然，敢于放手让候选人去谈的话，就要做好思想准备：Offer 会谈崩。一般来说，判断一个 Offer 是否会谈崩，需要猎头顾问对于行业和客户公司有充分的了解，对于具体职位积累了足够的经验。除非猎头顾问能满足这样高的要求，并且接受 Offer 有很高的概率会谈崩的情况，否则珍妮姐都不会赞成放手让候选人去谈。尤其是考虑到候选人谈判议价时更容易意气用事，而不会像猎头顾问那样理性、专业，新手还是不要轻易交出主动权为好。

如果不幸遇上个既不肯妥协又完全不信任猎头顾问的候选人,那么即使猎头顾问不想交出主动权让他去谈,他也会千方百计绕过猎头顾问去找人事。如果遇到这种情况,那么猎头顾问需要做的是,及时取得人事的谅解,并在此后与人事保持动态的联系。如果猎头顾问和人事的私交不错,或者说已经建立起足够高的信任,那么即使候选人的此等行为对猎头顾问造成了困扰,实际效果也是微乎其微的。如果并非如此,那么猎头顾问必须抓紧努力了,以免人事对你形成负面印象:连自己的候选人都不愿意信任他/她,这个猎头顾问看来很有问题。

但不管怎么说,不到万不得已、身不由己,还是要极力避免出现被"架空",避免犯下让候选人和人事直接沟通的大忌,因为被"架空"多数时候会被认为是猎头顾问无能的表现。不管是处于 Offer 谈判阶段,还是处于其他任何阶段,如果无法避免,那么请记住挽救人事的印象是第一位的,因为后面的合作还长着呢。

案例分享

珍妮群里也有猎头顾问问过"候选人说要自己去找 HR 沟通,我该怎么办"的问题。珍妮姐问了她三个问题。第一个问题是她觉得候选人去找 HR 沟通什么?第二个问题是她觉得候选人为什么要绕开她,亲自去沟通?第三个问题是她和 HR 的关系怎么样?

她的回答是,候选人去找 HR 沟通薪资了,候选人给她的感觉就是不信任猎头顾问。至于 HR 那边则是她的领导(Leader)在负责对接的。于是,珍妮姐支招如下。

首先,跟自己的领导说明情况,让领导知道,如有必要,需要给 HR 提前说明,打好预防针,即先要稳住 HR,别让 HR 有不满的情绪。

其次,要立即找候选人深入沟通,看看有没有误会需要澄清,有没有候选人不理解的情况需要说明,如猎头顾问是不可能不希望他的 Offer 数字高的;谈判中有中间方,通常是利大于弊的。如果能够让候选人转变对猎头顾问(仅仅是这位顾问)的看法和态度,那么候选人很可能就不会自己去联系 HR 了。

最后,复盘自己对薪资情况的掌握。如果对候选人的期待,对客户公司能给的数字都不是很清楚,就需要先去"补课"了。

"珍妮姐,我能肯定的是薪资不会是问题。我知道自己该怎么做了。"后来该猎头顾问推心置腹地和候选人聊了一通,候选人就没去找 HR 了。最后,Offer 也顺利接受了。该猎头顾问告诉我说,候选人后来告诉她会有直接找 HR 谈薪资的想法的原因是之前遇到的猎头顾问都太强势了,薪资都压得比较狠,让他觉得不如自己去找甲方沟通。

所以说人与人之间的信任是很难建立的,因为对方可能在你身上投射了别人,投射了他对一个群体的看法(偏见)。

Q15 薪资谈判时,离达成一致只有"一步之遥",但候选人坚决不肯退让时,我该怎么办?

"一步之遥"是指客户公司表明了最后出价,虽然依旧低于候选人之前表明的可接受价格,但只差一点点。

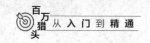

1. 先和客户再次确认数字

确认"一步之遥"的数字是否确定不可能再变动了。如果客户公司表态,可以有条件地变动,那么条件通常是一旦他们做出提价,不管提多少,候选人都必须接受 Offer,否则他们会重新找人。此时人事往往会要求猎头顾问去"试水",确认候选人的意愿。有的人事会告知,只有候选人做出口头答应后,他们才会去走特批流程。有的人事还会告知猎头顾问,未必批得下来,最好能让候选人再考虑考虑之类。此时猎头顾问无须研究所谓"特批手段"是真是假,也无须担心是否批得下来;只需要想办法两头确认:一是客户公司批下来的价格会是多少,二是候选人到底会接受怎样的薪资。

如果他们双方的价格存在匹配的可能性,就和候选人继续进行交涉。毕竟职位已经走到这步了,冒一点失败的风险还是值得的。无非是和候选人交涉失败,发现数字还是无法匹配,告知人事,或者最后候选人拒绝 Offer。

如果完全没有匹配的可能性,就没有继续交涉的必要了,直接告诉人事便可。

如果客户公司表态,薪资肯定不会有变动,那么只需要把意思传达清楚,甚至请客户公司的人事亲自告知候选人,让其自行决定便是。

2. 再行判断

候选人坚决不肯退让的表态到底是真的、假的,还是半真半假。

◎ 所谓"真的",就是候选人做好了坚决的打算,只要薪资没到自己的预期,即使是"一步之遥"的数字,也不会接受 Offer。

◎ 所谓"假的",就是候选人只是想确认下,"一步之遥"的数字是否就是上限。如果是的话,他也会接受。

◎ 所谓"半真半假",就是候选人想确认后再考虑。其想确认"一步之遥"的数字是否就是上限,如果确实是上限,那么候选人还需要考虑后再决定。最终,其可能接受,也可能不接受。

在通过特殊处理、特批提价等方式争取候选人时,如果客户公司提出需要候选人表态,那么虽然候选人的表态只有"Yes"和"No"两种可能,但是其内心的想法还存在第三种可能性。这种可能性通常会出现在所谓"老油条"身上,即候选人先满口答应"你提价,我就接受",等到确认客户公司的提价是真的以后,他才正儿八经地思考,到底是接受还是不接受。

最后要提醒的是,在"一步之遥"时,客户公司常常会运用口头威胁等方式紧逼不舍,而有经验的候选人则会坚守阵地,坚决不松口。无论他们属于上述哪种情况,猎头顾问都需要尽力做说服工作,不能轻言放弃。毕竟人心难测,世事难料;没有努力过,何谈结果?

> **具体话术参考**

要询问人事价格是否可变,具体话术参考如下

- 您这边确认下来,这个数字肯定不会再变了?
- 其实就候选人目前的期望来看,涨幅已经很小了/几乎是持平的,如果按目前的数字,恐怕是真的不会接受了。
- 如果××不接受,您这有备选的人吗?

要试探候选人对提价有什么看法,则可以参考如下具体话术。

- 目前的这个数字您是肯定不会接受了,是吗?
- 那么,在目前这种情况下,您心里是否存在一个能接受的价格?例如,比您之前报的数字低一点,但比目前给的数字高一

点。如果不存在的话,那我就替您拒绝了。如果存在的话,您给我一个确切的数字,我再去问问人事。

要防止候选人反悔、不接受提价,可以事先用上如下话术。
- 我再确认一遍,您的意思是只要达到××,您肯定就接受Offer,不会到时候再提价了。
- 当然,即使您再提,也断然是没空间的,只会造成不好的印象。

总之,猎头顾问既要做客户公司的工作,也要做候选人的工作,不能轻言放弃。

案例分享

候选人坚决不肯退让的原因是什么?很多时候猎头顾问会忽略寻找原因,而急于游说。

珍妮姐记得有次协助谈薪,几经周折才了解到候选人不肯退让的原因是,其前同事去了这家公司,拿到了比给他的Offer数字要高的数字,候选人觉得这不公平。明知道在短时间打破这样的认知是很难的,但我还是尝试去做了启发性的引导。我从个体资历的差异性、职位差异性、发展差异性等角度先大致分析了下,然后结合候选人看机会的动机、所追求的职业环境、理想的发展规划等个性化的方面,说了我的建议。我所说的都只是点到为止,说完就让候选人再考虑下。最终,这个候选人接受了Offer。

当然,并不是每次都能奏效。猎头顾问只需要明白自己做了该做的工作,说了该说的话就够了。

Q16 薪资谈判时,离达成一致只有"一步之遥",但客户公司坚决不肯退让时,我该怎么办?

"一步之遥"的含义同 Q15。在这种情况下,猎头顾问要先确认候选人能否做出让步,再评估候选人能做出多大的让步,最后与客户公司交涉自己掌握的情况。

一般而言,如果客户公司认为候选人可用可不用,或者虽然想用,但公司的原则是"制度至上",那么即使交涉也注定是无果而返的。但即使预计会如此,猎头顾问也要去交涉。通过交涉,猎头顾问可以获得如下信息,这些信息将有利于接下去可能的合作和谈判。

- 客户公司对候选人的态度:是可用可不用,还是非常想用,会尽快给Offer,只是数字没法谈。
- 客户公司的备选人选:有几个,评价如何,进展状态如何。
- 客户公司的特批制度:符合什么条件的人可以特批;特批流程具体要经过哪些部门、领导;时间大约需要多久;按照先例,特批的薪资尺寸如何。
- 阻挠薪资继续谈判的具体因素是什么:如果来自人员层面,那么要分清是部门阻挠还是招聘上级阻挠,抑或是薪酬或其他人事团队阻挠;如果来自制度层面,那么最好打听下制度是成文的吗,执行多久了。

对于新手猎头顾问而言,可能并不理解为什么人员层面会有阻挠,在此解释一下。一些Offer的薪资谈判被迫中断,并不是因为制度上"给不起"，而是因为相关人员"不想给"。之所以会发生"不想给"的情况，可能是因为相关人员在面试中对候选人印象不佳；也可能是因为有人从其他渠道侧面打听后，认为候选人不值这个价；还可能是受内部政治斗争的影响。不管因为什么，在客户公司不愿意在价格上妥协的时候，猎头顾问除了做候选人的说服工作外，就别无他法了。

当然，说服工作并不是只能围绕薪资。在这种时候，特别需要猎头顾问帮助候选人"换换脑筋"，即帮助候选人把注意力从薪资维度引向其他维度，尤其是那些对于促成Offer有利的维度。

案例分享

客户公司不肯退让，就只能做候选人的思想工作了。薪资无可更改，就需要从其他维度下功夫了。很多时候猎头顾问过多地纠缠在薪资维度，却忽略了在其他维度"暗度陈仓"的可能。总想着自己出面谈，却忽略了可以寻求其他人的帮助。

有些行业圈子很小，应聘的和招聘的都是老同事。这就意味着，关键时候可以让候选人熟悉的直线经理出面，或者是做思想工作，或者是谈其他条件。当然，前提是猎头顾问也认识这位直线经理，直线经理对应聘的这个候选人也很满意。

曾经有个设计工程师的职位，候选人是直线经理之前合作过的供应商。在薪资谈判陷入僵局之后，我就联系了直线经理，希望他能出面说服候选人加入。刚巧他手里有个出国培训的名额，以此打动了候选人。

有些时候，直线经理不愿意出面。原因在我看来是多样的：有的是避嫌；有的是手里的确没有更多的筹码，又不想通过"画大饼"的方法去做说服工作；还有的是性格上一贯不喜欢强人所难。尽管如此，猎头顾问还是应该尝试联系直线经理。如果确实不行，那么再想其他办法。

Q17 如何在薪资谈判中打配合战？

配合战是指为了在谈判中获得更好的结果，猎头顾问或和人事配合，或与候选人协作，通过"一个唱红脸说好话，一个唱白脸说坏话"的方式完成谈判目标的战术。顺便提一句，在职位匹配过程中，猎头顾问也可以和自己的访寻员（Researcher）打配合，以便全程管理候选人：小到催促简历，大到谈判薪资。

配合战术属于高阶技能，通常都是在 Offer 谈判，尤其是薪资谈判时才会被猎头顾问作为主要工具加以运用。但对于有经验的"百万猎头"来说，职位匹配中的任一环节发生矛盾、冲突时，都可以运用该战术。

1. 运用配合战的前提

◎ 猎头顾问已获得合作方的充分信任。

◎ 配合的双方有基础共识：在某一问题的立场上持相同或相近的意见，或者拥有共同的利益。

◎ 合作双方的性格特点、做事风格适合打配合战。

上述三者缺一不可。

那么在薪资谈判中，到底是和人事结盟还是和候选人结盟呢？具体问题具体分析。

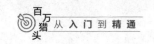

如果猎头顾问判断薪资未达到最高数字，人事有所保留，那么应该与候选人结盟，力争最高数字或至少比目前更高一点的数字。

如果猎头顾问判断薪资已达到最高数字，候选人还不满意，那么应该与人事结盟，力争让候选人放弃过高期望。

至于如何判断是不是最高数字，以及想结盟的对象是否可以成为合格的结盟方，而不会弄巧成拙，就要猎头顾问根据过往的经验，以及当时的直觉来判断了。此外，打配合战要取得成功，必然还有战术以外的先决条件。对于先觉条件的判断，也只能由猎头顾问来做出。

2. 与候选人结盟打配合战

与候选人结盟打配合战时，获取成功的先决条件如下。

◎ 猎头顾问料定数字存在上浮空间。

◎ 职位急需到岗。

◎ 人事没有其他人选。

在满足上述条件的情况下，人事通常会做出让步。这是因为从企业的综合成本来看，结案一个 Offer 总比重新找人要划算。出于这样的考虑，即使候选人的薪资比人事原本希望的数字略高，但只要没有超过薪资的上限，人事就会让步来结案。

3. 与人事结盟打配合战

与人事结盟打配合战时，获得成功的先决条件如下。

◎ 猎头顾问料定数字不存在上浮可能。

◎ 候选人的确急于跳槽。

◎ 候选人并没有其他更好的机会，包括内部机会。

在满足上述条件的情况下，候选人通常会做出让步。这是因为从时间、精力等综合成本考虑，候选人拿下 Offer 肯定比重新找机会合算。基于此，即使最终薪资比候选人原本希望的数字略低，他也愿意接受 Offer。

必须指出的是，这里所列的先决条件是非常严苛的。但实际上，即使没有完全满足这些条件，配合战也是能获得成功的。毕竟凡事都得靠天时、地利、人和等因素共同起作用。

4. 结盟时的注意事项

与候选人结盟时，猎头顾问需唱红脸来争机会，让候选人唱白脸来要价格。具体来说，猎头顾问需要向人事表态：自己已经极尽所能打压候选人的期望，但没有效果，希望人事出面和候选人对话，即帮候选人争取和人事直接对话的机会；候选人必须既彬彬有礼，又态度坚定地向人事表态：价格必须再高一点，否则自己是不会接受 Offer 的。

总之，必须让候选人唱白脸，因为如果是猎头顾问唱白脸，那么会被人事理解为是猎头顾问想获取更高的佣金，而非候选人想获取更高的薪资。

与人事结盟时，猎头顾问可唱红脸，也可唱白脸打下伏笔，而让人事唱白脸来促成最终 Offer。具体来说，猎头顾问需要向候选人传达已到极限的信息：自己已经确定而且肯定，目前的价格就是最终的高位，哪怕再多一分一厘，客户公司都不可能给了，如果候选人不相信，那么可以直接找人事沟通，这样就可以为后面人事的出场打好伏笔。隔段时间，人事就可以语气柔和、态度和蔼地向候选人表明：这的确是最高数字，如果候选人不接受，那么他们真的就没办法了。

总之，在和人事打配合战的时候，猎头顾问究竟是凶着唱红脸好，还是笑着唱白脸好，这要视候选人的情况而定。换句话说，是好好传达"价格已经最高了，你不肯接受，我无可奈何"，还是很不屑地传达"价格已经最高了，你爱接受不接受，我也不想再给你说道理了"，要看候选人的具体情况。

至于人事，必须让其唱白脸。因为如果人事唱红脸，那么会给候选人留下负面印象，候选人会觉得客户公司太过强硬，进而引起其不满情绪："我才不稀罕来你们这儿"，于是赌气不接受；或者因为感觉不对："该公司店大欺客，我不去了"，于是临阵脱逃。

当然，适不适合打配合战，还和人的行为习惯、风格特点有关，否则就会弄巧成拙。举例如下。

◎ 有些候选人遇到人事就怂了，把白脸唱成红脸，让人事误会是猎头顾问在背后使坏。

◎ 有些人事一出面就是唱红脸，一副爱来不来的架势，让候选人不爽，觉得是猎头顾问故意让其受辱。

配合战是高阶技能，没有十足把握不要轻易使用，以免在候选人和人事面前弄巧成拙，变成"猪八戒照镜子——里外不是人"。

案例分享。

某个候选人的薪资期望底线是月薪 23k，但是口头 Offer 的数字是月薪 22k。由于珍妮姐对客户很熟悉，知道通常有 500 元的浮动空间。虽然数字不大，但是可以争取的还是要替候选人争取的，因为我知道 22k 候选人是肯定不会接受的。于是，我直接给 HR 说了有没有可能到 23k，HR 说，按惯例最多只能给到 22.5k。我说如果只能是 22.5k 的话，需要她出面和候选人谈，我觉得我拿 22.5k 谈，这次是谈不拢的。HR 说没问题。因为，我和 HR 合作时间不短了，我这边的判断几乎没有出过错，所以她很信任我。而我也知道，她私下里也觉得这个数字要求并不过分。

和 HR 这边达成一致后，我就去找候选人，告诉其只能 22.5k 了，再多没法谈。这个数字是我努力争取后的结果。候选人在表示感谢的同时，还是说希望和 HR 谈谈，看看有没有可能再高一点。这在我的预料之内。我马上和他说我对 23k 是不抱希望的，虽然我希望他能多谈一点，但是建议他不要为了一点点差距就放弃 Offer。这时候，候选人在我这里已经松口了。

于是，结果在我这里其实已经有了，要么 22.5k 拿下 Offer，按常规；要么 23k 搞定 Offer，超常规。最后，内部协商下来给了 23k。主要原因是部门经理拍了板，涨幅比例虽然超了点，但还是在可接受范围内的。最终，皆大欢喜。

当然，即使打配合战没有打岔子，也不能保证最终结果是好的。在这个案子里，HR 对我、我对候选人都有充分的信任与把握，才得以顺利进行。当然，外加了一点运气成分，包括客户公司没有更好的供候选人选择，而且部门对候选人也很满意等，才最终达成了一致。换了人，即使最终 23k，候选人也还是有可能放弃 Offer 的。

之所以要打配合战，目的是争取提高成功的概率。换言之，如果没有丝毫成功的可能，那就不要使用了，以免适得其反。

Q18 候选人拒绝了Offer，如何判断其理由的真假？

为什么要判断真假？因为在 Offer 被彻底拒绝前，猎头顾问需要基于拒绝理由来"对症下药"，做有针对性的引导说服工作。如果判断错了，那么付出的努力可能事倍功半，甚至产生南辕北辙的后果。而在 Offer 被彻底拒绝后，猎头顾问一定要复盘。只有复盘，才可能提升自己识人、断人的能力。

之所以在"拒绝"前用"彻底"二字，是因为有的职位是被拒绝后又被挽回的，还有的职位是经过反复后才最终被拒绝的。

在彻底拒绝前，猎头顾问不仅要关注候选人在 Offer 谈判时的关注点，而且要回顾和候选人接触以来，其一贯的关注点。

在彻底拒绝后，可以隔段时间再询问候选人其拒绝的理由，通常可以获得真实反馈。

要判断一个人说的是真话还是假话，实在是门高深的学问。在此，珍妮姐只能抛砖引玉，分享下针对这个问题的个人心得。

1. 在候选人彻底拒绝后

薪资达到了期望水平却拒绝 Offer 的候选人，往往更看重薪资以外的因素，或者是有更好的 Offer（包括内部的）。关于这些因素，一般候选人会在流程的早中期就流露出来，就看猎头顾问能否敏感地察觉到。

薪资未达到期望水平而拒绝 Offer 的候选人，往往就是因为薪资这一因素，其他所述因素即使是考虑之一，也是处于次要地位。

因职位的级别或名称不满意，最终拒绝 Offer 的候选人，通常这就是其拒绝的真实原因，尤其是在薪资达到甚至超过期望水平的情况下。

因入职时间谈不拢而主动拒绝 Offer 的候选人，通常这不是真实原因，除非其所在公司 / 部门有过强留员工、拖延离职期的先例。但即使有先例，猎头顾问也应打个问号，因为不能百分百保证该候选人遇到了同样的情况。

一般而言，候选人拒绝按常规离职期（1 个月）入职，往往是在等其他机会的 Offer（包括内部的）。换句话说，即使客户公司在时间上妥协、容许其延期入职,其接受 Offer 后也未必会选择入职。这样的候选人总是要等所有机会到位后,才会综合判断,做出最终选择。因为要防备这样的候选人,所以大多数情况下,客户公司都不愿意就入职时间问题妥协。

2. 在引导说服候选人不要拒绝时

不能被猎头顾问引导到其他因素的候选人,通常其所关注的因素是单一的,或者是占据绝对重要地位的因素,例如,薪资(谈到末了,猎头顾问会发现候选人其实只看钱)。既然知道关于其他因素,再多费口舌也是无用功,那么猎头顾问不如"集中火力",就这个因素摆事实、讲道理,争取令候选人满意。

能被猎头顾问引导到其他因素的候选人,通常其所关注的因素并不单一。猎头顾问需要弄明白:候选人对各个因素的真实看法是怎样的。只要其他因素的满意度的总和是高的,Offer 就存在避免被拒绝的希望。在这种情况下,猎头顾问必须转移候选人的注意力,让其重视自己感兴趣的因素,然后猎头顾问就可以在这个 / 这些因素上"大书特书",摆事实、讲道理,争取谈成 Offer。

这里所指的因素涉及候选人跳槽的具体动机,包括薪资、福利、职位名称、职位级别、家庭、人际关系、工作挑战等。一些因素的内容并非体现在 Offer 上,也并非猎头顾问之前充分掌握的信息,需要去了解、打听。然后把信息有针对性地传递给候选人,提高候选人对这个 / 这些因素的重视度,帮助其重视这些因素的可能收益。

总之,在候选人彻底拒绝前,要动态评估其对引导工作的反应,以便开展说服工作。千万不要根据候选人拟定的说辞来判断,他说什么就信什么的话,往往会被牵着鼻子走。猎头顾问也不要根据自己事先拟定的说辞来劝说候选人,哪怕自己的说辞再头头是道、再有说服力,不是能打动候选人的因素,不过是隔靴搔痒。两种情况的结果可想而知。

案例分享

从我转型做咨询的经验来看,候选人在面对 Offer 时,选择接或不接受的理由真可谓千奇百怪、五花八门。并且最终的理由往往不是猎头顾问能够掌握的,或者猎头顾问最多只能掌握一小部分。对此,我觉得也不必沮丧,因为这完全符合人性。尽管如此,猎头顾问还是可以在事后去问问看。问得多了,经验就丰富了,就更能提醒自己不要轻易下结论了。

我记得自己刚做猎头顾问不久,曾花了将近 1 个小时,从各个维度说服候选人,希望他接受 Offer。后来 Offer 成了,我很好奇,虽然我确实说了很多维度,也觉得说得挺有道理的,但是他到底是被哪个维度说服的呢?或者说,他是不是被我说服了呢?我在 1 年后问了他,他笑着告诉我:"我的确被你的真诚打动了。但之所以选择接受,主要是因为我当时的女朋友,现在是太太了,她也是这么建议的。"

很多时候我们都会忘记,除了我们猎头顾问外,还有很多人可以影响候选人。与其研究理由的真假,猎头顾问不如想想,如何把能够影响候选人的人也作为一个考量维度,一并纳入说服工作的通盘计划,从而起到事半功倍的作用。

·本章小结·

在职位操作流程中,Offer 谈判是一大关键,而薪资谈判又是其中最关键的环节。本章即讲述了此环节的注意事项与操作技巧。

★ 如何确认候选人的真实薪资期望?

★ 如何确认客户公司的真实薪资范围？
★ 当谈判距成功"一步之遥"时，如何使力？
★ 如何与谈判的一方结盟打配合战？
★ 不和候选人谈薪资，还能谈什么？
★ 候选人拒绝 Offer 之后，猎头顾问还能做什么？

薪资谈判应该从什么时候开始？

扫描二维码查看问题答案

资源下载码：67890

CHAPTER 5

第 5 章
背景调查：查什么？怎么查？

Q19 候选人拒绝配合背景调查，我该怎么办？

1. 背景调查及其相关知识

（1）背景调查

背景调查也称"证明材料核查"，是指通过咨询应征者从前的上司、曾接受过教育的机构、推荐人以及最近有机会观察应征者的人等对象，来核查应征者的背景资料和证明材料等信息的真实性、有效性的方法。背景调查具有补充选拔过程中资料不足的功能，是一种能直接证实候选人事实信息的有效方法。

（2）背景调查的种类

一类是非正式的私下打听，通常由招聘部门操作，一般在面试前或面试阶段就会进行；另一类是正式的调查，通常由猎头顾问或人事操作，也有通过第三方调查公司操作的，时机一般是在候选人接受 Offer、正式向原单位提出离职后。

以下我们讨论的都将是正式的、由猎头顾问展开的背景调查。

（3）谁接受调查

主要是候选人所在公司的人事、部门直线经理。通过询问他们，来确认候选人提供的职业经历属实，并得到他们对候选人的个人评价。有的客户只要求调查候选人在现公司的情况，在其提出离职的公司中找到对应的人员即可；有的则会要求除了调查现公司外，还要调查前一家甚至前两家公司对应的人员。

（4）调查表格

客户公司可能会提供背景调查的模板，有的还会明确设定背景调查所需询问的问题；更多的时候，猎头顾问需要用自己公司的模板，或者使用第三方调查公司的模板。

事实上，如果一家公司有做背景调查的习惯，那么在面试前的个人信息表里，其通常会请候选人填写背景调查的信息。不过，因为担心泄露个人隐私，所以不少候选人会故意不填，或即使填了，也不会填写完整。只有等到正式调查阶段，这家公司才可能要求猎头顾问去完善相关信息，并着手调查。

2. 遇到拒绝配合正式背景调查的候选人

找出对方不愿意配合的原因。

> **具体话术参考**
>
> - 您能告诉我您为什么不愿意接受背景调查吗？
> - 您是害怕在您提出辞职前，我就贸然去找您的老板吗？
> - 您一直不愿意告诉我，为什么不能接受背景调查，我是不是可以认为，您之前提供的信息和实际情况有出入？

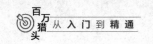

- 不管出入是什么，您能告诉我吗？至少我可以帮您判断一下问题是否严重啊。您什么都不说，我就什么都帮不了您。

珍妮姐总结的原因如下。

①候选人以为在自己提出离职前，猎头顾问就会做背景调查，影响他在现公司的工作。

②候选人以为猎头顾问会向现公司透露其跳槽去向。

③候选人与公司的部门直线领导和下属关系不好。

④信息造假。

针对以上原因，寻找对策来解决问题。

对于原因①和原因②，只需要和候选人解释清楚就不会有问题了。在解释过程中一定要表现得专业，越专业越能打消其顾虑。

对于原因③，在 Q20 和 Q21 中会详细说明。

对于原因④，猎头顾问应该做的是如实反馈。至于造假的恶劣程度，则交给客户公司来评判。"如实反馈"是指反馈候选人有造假这一事实，至于具体细节的揭露视情况而定。

我坚决反对有的猎头顾问耍"小聪明"，帮着候选人一起作弊造假。因为一旦被查出，于己于人、于商业诚信都是非常不利的。当然，如果候选人神通广大，事先"买通"了现公司人事、部门帮着其造假，如篡改其入职时间、所做职位等，那么责任显然就不在猎头顾问身上了。不过，这种情况出现的可能性较低。

如果在排除了前三种原因后，候选人还是坚决不肯配合做背景调查，态度蛮横强硬，又不说理由，那么猎头顾问就必须把话挑明，质问其有信息造假问题。

不管候选人是否愿意承认，都要告诉他，如果其不配合调查，那么只能让客户公司认为他有问题，最终造成不被录用的严重后果。

猎头顾问要明确告诉候选人：采用背景调查的客户公司通常都非常看重诚信，而且流程、体系相对都非常规范，所以如果其想瞒天过海的话，那是没有可能的。猎头顾问还要给候选人吃颗"定心丸"：如果真实情况和之前的说法相比，或者和此前填写的信息表格相比，只是时间上有些微出入，那么问题不大。

此外，不管是什么问题，候选人最好都能告诉猎头顾问。只有这样，猎头顾问才能够帮助他，至少帮助他判断问题是否严重，以及问题是否能被谅解。如果猎头顾问判断下来，是无法挽回的情况，那么能做的就是劝候选人主动放弃，这是能保住其颜面的唯一方法。

即使猎头顾问以候选人拒绝配合，否则将拒绝 Offer 为由，让背景调查一事不了了之，也未必能保证客户公司不会发现事实。要知道，"天下没有不透风的墙"。

总之，再次呼吁候选人也好，猎头顾问也罢，千万不要贪小利而失大节。

3. 对非正式背景调查的处理

有些部门喜欢自己去做非正式的背景调查，这往往会导致候选人对背景调查反感。因为，一旦操作不当，就可能闹得满城风雨，候选人走也不是，不走也不是。如果候选人有过此类经历，那么通常其对于背景调查都会特别谨慎。

珍妮姐就听过不止一次：候选人还没有拿到 Offer 时，因为直线经理和用人方的直线经理认识，所以就被现领导知道他要跳槽。结果，候选人即使想走，也不敢走了。也有因为用人方部门过早打听，弄得满城风

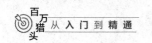

雨——候选人内部的同事都知道了他想走,结果导致候选人还没找定机会,也只能辞职了。

作为猎头顾问,我们很难杜绝非正式背景调查。但是,我们可以提前给客户公司的 HR 打预防针。

从知道有这样的操作后,我都会提前和 HR 沟通,说明非正式背景调查的种种弊端,以及如果用人部门实在想了解候选人情况,也请交给我们去打听等。

即使可以提前沟通,我们也要提倡,等到有录用的打算时再做背景调查也不迟。

Q20 候选人提供不了直线经理做背景调查人,我该怎么办?

候选人提供不了直线经理做背景调查人,原因通常有以下两种。

①没有直线经理的联系方式。只可能发生在以往待过的公司,如直线经理也离开了当年的公司,手机也换号了,甚至移民去国外了。

②和直线经理的关系不佳。可能发生在以往待过的公司,也可能发生在现公司。候选人担心直线经理担当背景调查人,会给自己较低的评价。

第一种情况下,猎头顾问可以这样帮助候选人:挖掘包括老同事在内的人脉渠道,尽可能找到直线经理的联系方式。如果实在找不到,则要求其提供直线经理的经理。如果直线经理的经理也联系不上,那么务必提供有过汇报线关系的人员。这种汇报线可以是虚线汇报线、项目中的汇报线，也可以是当年平级的同事，只要一同参与过汇报即可。

第二种情况下，到底是做直线经理的背景调查，还是做其他人员的背景调查取决于客户公司的意见。有时客户公司会同意换其他背景调查人员。例如，候选人的直线经理在业内的口碑是路人皆知的。又如，客户公司通过其他渠道早就知道，候选人是因为和直线经理不和才离职的。此时就可以做其他替代人员的背景调查了，包括直线经理的经理或其他可替代人员。为了更好地证明候选人，确认其人际关系和业务水平等都没问题，猎头顾问应建议候选人多提供几个替代人员。

如果客户公司不同意换背景调查人员，那么猎头顾问就必须做直线经理的背景调查。当然，在这种情况下，珍妮姐建议要瞒着候选人，否则必然会导致其不满情绪。并且建议猎头顾问多做一点：将其他人员的背景调查也一并做了，如果其他人员的证词正面积极，那么将有助于消除直线经理证词的负面影响。

总之，如果候选人不能/不愿提供背景调查人员，猎头顾问就需要"暗度陈仓"，通过自己的渠道找到人，完成背景调查。

案例分享

珍妮姐曾经有个候选人在做背景调查时，就遇到了其中一家公司的直线经理已经离开中国的情况。候选人没有他的联系方式，但是客户公司要求必须做直线经理的背景调查。于是，我便协助候选人找到其前同事，通过前同事找到前同事的领导，再通过这位领导找到了候选人的直线经理。因为两位领导是好友。最终，完成了背景调查。

一般来说，对于失联时间不太久的人，只要我们有心联系，总是能联系到的。很多时候，与其被动等待客户变通，不如自己多想办法。

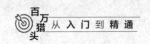

Q21 候选人提供的背景调查人对其评价不高，我该怎么办？

不知道是因为单纯还是自信过度，总有候选人事先不告知猎头顾问任何情况。结果等到做背景调查的时候，背景调查人对其评价不高甚至是很差，让猎头顾问左右为难。

或许是因为候选人并不重视背景调查，以为就是一份材料，有了就没问题了；也可能是因为候选人情商不高，并不知道别人眼中的自己其实并没那么好。但不管是什么原因造成的，猎头顾问都应该庆幸。只要客户公司把这个背景调查交由你全权负责，就意味着还有补救的可能。

1. 多做几个相关人员的背景调查

如果不是个个评价都很糟糕，那么问题就不严重。如果评价出现两极化，则需要询问候选人，让其解释为什么会出现这样的局面。通常情况就是，该候选人没有事先告知猎头顾问一些特殊情况，如与直线经理不和，或者直线经理和其他经理不和，导致两个人对候选人的评价差异很大。

2. 根据评价情况，分情况处理

如果说满分是 100 分，那么评价分在六七十分是可以接受的，只能说明候选人活在自己的世界中，在他人眼中没有自己料想得那么好；若评价分在 60 分以下，则必须找候选人询问情况。当然，通常分数不会低于 60 分。既然候选人敢于把背景调查人的联系方式给猎头顾问，就意味着两者的关系差不到哪里去。如果候选人和背景调查人打过招呼，那么通常总是能占到便宜。

换句话说，如果候选人的客观分是 80 分，那么喜欢他的人会给他打 85 分，而如果候选人打过招呼，说这个评价很重要，那么这个候选人最终可能会得 90 分。当然，打不打招呼，一来取决于候选人和背景调查人关系的亲疏；二来取决于候选人对自己看法的好坏。

对于猎头顾问来说，处理六七十分评价的方法就是如实填写，但同时可以适当地用一些文字策略，如多用正面、积极的词语或中性的书面语，来替代明显负面、消极的口头词语。这样虽然是表达了同样的意思，但会让客户公司的读者感觉好些。

只要候选人的经历没有造假，背景调查的证词再不理想，通常也不会造成取消 Offer 的后果。但这也不是说一定不会。如果岗位很重要，或者与客户公司的预期差距太大，那么还是有被取消 Offer 的可能。

所以说，背景调查并不是儿戏，候选人和猎头顾问都要认真对待，谨慎处理。

案例分享

有一个职位是一家公司招聘高管，猎头公司的背景调查都没有问题，那家公司对候选人的才能也很满意。但是，客户公司不知从何处得知这个高管有过性骚扰的前科，最终还是放弃了这个候选人。

背景调查有正式的，也有非正式的。人们很容易认为评价标准在客户的价值观中，但其实评价标准也在猎头顾问的价值观中。可以说，人在职场，能力重要，但是品行更重要。面对背景调查，当事的任何一方，求职者、用人者、猎人者会如何应对，考验的是人性的善恶和价值的取舍。

Q22 背景调查发现造假，我该怎么办？

无论是哪方面的信息造假，都要第一时间告诉客户，由客户定夺。因为是客户公司用人，不是猎头顾问用人。每家公司、每个部门对信息造假的包容度是不同的。将信息造假告知客户对猎头顾问来说，的确意味着一个眼看到手的单子飞了，但是和不透支客户公司的信任相比，这么做是非常值得的。

如果被客户公司发现候选人造假，甚至是猎头顾问知而不报，或者猎头顾问协助"作案"，那么猎头顾问丢的恐怕就是客户公司，而不仅仅是一个单子了。

此外，猎头顾问还需要告诉候选人，自己发现了造假情况。一来是看候选人对此如何解释；二来是可以劝诫他下次不要再犯。

对于一些疏忽性的"造假"，猎头顾问确认后，还是可以替候选人求情的。当然，最终决定权依旧在客户公司手里。一般来说，客户公司能够选择性忽略的"造假"仅限于入职、离职时间与简历不符，且时间差距不大。

其他的与简历不符的学历造假、职位造假、公司造假则是无法挽回的、板上钉钉的造假。

案例分享

有造假，就有打假。猎头顾问会打假，HR也会打假。听说过一个事情：一个候选人入职1个月不到，就被公司开除了。原来是HR负责人发现这个人能力存在严重的偏差，于是开始进行调查。结果发现其提供的背景调查人员其实是自己的太太，于是便有了上述提到的结果。

在现在这个资讯发达的时代，只要你有问题，就不怕人查不到。

·本章小结·

本章讲述了背景调查环节会遇到哪些问题，以及猎头顾问该如何应对。

★ 候选人无法提供背景调查人员，如何应对？
★ 候选人提供的背景调查信息有假，如何应对？
★ 在背景调查过程中发现虚假信息，如何应对？
★ 候选人的背景调查评价不高，如何应对？

如果候选人入职后，猎头顾问才发现其背景存在问题，如学历造假，那么应该怎么做？

扫描二维码查看问题答案

CHAPTER 6

第 6 章
离职跟进：走了！不走？

Q23 候选人遭遇公司挽留时，我该怎么办？

1. 判断挽留的性质

猎头顾问要向候选人详细了解关于挽留的条件，并依此判断究竟是形式挽留还是实质挽留。

形式挽留：只是口头表达对提出离职者的认可，但不会拿出实际的方案、行动来阻止离职的发生。

实质挽留：不但口头表达对提出离职者的认可，而且会拿出实际的方案、行动来阻止离职的发生。

要分辨到底是形式挽留还是实质挽留，最简单有效的方法是看承诺是否会立即兑现。只有立即兑现的承诺才能算实质挽留，即立即或短期内给候选人"真金白银""加官晋爵"等好处。

"短期内"是指最多不超过半年。超过的话，属于在给候选人"画饼充饥"，让候选人"望梅止渴"。

猎头顾问并不需要担心形式挽留，只要候选人思维正常，通常自己也能判断公司仅仅是走个过场。猎头顾问真正需要操心的是实质挽留。如果候选人被挽留住了，那么既可能是出于理性：挽留开出的条件比跳槽开出的条件好；也可能是出于感性：如情感因素、对目前项目的责任感和期待等。当然，也可能是兼而有之。猎头顾问能做的并不是得知消息后，立即一味地劝说候选人离开，这样做往往只会适得其反。

> **具体话术参考**
>
> - 部门会挽留您，您想到过吗？
> - 挽留开出的条件是什么啊，能具体说说吗？我也好帮您分析分析。

2. 实施干预

如果是实质挽留，那么争取在候选人下决定前实施干预。

询问候选人两个问题，看其是否有答案。若没有答案，帮助其找到答案。

◎ 谁想留他/她：是直线经理，还是部门负责人？由此判断挽留意图出自的层级。

◎ 为什么留他/她：凡事皆有因果，但往往只有旁观者清。猎头顾问有责任帮助候选人拨开迷雾，看透部门的挽留意图，找出背后的真正动机。

> **具体话术参考**
>
> - 您觉得想挽留您的是直线老板，还是大老板啊？

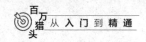

- 您觉得他们为什么想挽留您?
- 您觉得为什么他们给您开的条件那么优厚?

结合候选人在第一步中的答案、获得的实际挽留条件和其表达时的口气与态度,判断候选人去留的倾向性。

倾向走的情况:猎头顾问需要做的就是给予积极的肯定、支持。

倾向留的情况:猎头顾问需要先分析候选人的倾向性,是基于理性的利益因素更多呢,还是基于感性的情感因素更多?分辨清楚后,就可以对候选人做针对性的分析。

没有明确倾向的情况:即候选人自己还在犹豫中,或者候选人假装自己还在犹豫中。猎头顾问需要先询问候选人问题,找出倾向性,然后根据倾向性的判断再做反应。如果把握不了倾向性,那么猎头顾问只能假设候选人倾向留,并根据获得的信息做针对性的分析。若获得的信息不充分,或者对自己的判断不自信,那么,只能做全面分析,即兼顾情理因素。

不管是什么情况,都可以告知候选人选择"留"的可能风险有哪些,这是通用的做法。

具体话术参考

- 您当初想离开的原因是什么?
- 您当初想离开,是因为和我说的××、××、××吗?是的话,那挽留的条件能/有改变吗?
- 您现在是觉得挽留的条件比跳槽的条件更好吗?是的话,为什么呢?不是的话,您为什么动摇了呢?
- 老板在打感情牌,您没看出来吗?

- 您有想过为什么之前没给您升职/加薪呢?
- 您有想过万一老板比您先离开呢?

即使候选人下决定前,猎头顾问已经实施过一次干预,但是哪怕候选人已明确表态要留在现在的公司,猎头顾问也还是要选择性地做最后的努力。

如果猎头顾问根据挽留的条件,客观认为这的确不是候选人的明智之选,那就有必要(再次)站出来劝说候选人。哪怕觉得自己并没有新论点、新视角,"冷饭"再炒一炒也是尽责。相信即使最终没有劝说成功,总有一天候选人会感谢你的。

如果留下是候选人的明智之选,那么珍妮姐建议猎头顾问及早放手。与其为了一个没可能的 Offer 做无用功,最后只换得候选人觉得你唯利是图,不如留下一个你真心为其考虑的好印象,毕竟来日方长。

3. 善后工作

如果候选人最终决定留在现在的公司,那么猎头顾问需要请求其配合做善后工作。

通常是让候选人写封说明邮件,说明为何放弃 Offer,猎头顾问对客户公司的人事、人事对部门都可以有个交代。尤其在各方为这个 Offer 已经付出了超常努力时,要求这样一封邮件是理所当然的。

案例分享

每位猎头顾问行走"江湖",迟早会遇到候选人遭遇挽留的事。很多时候,猎头顾问看得再清楚明白,道理讲得再透彻,也无法挽回候选人的心。因为很多时候,还是有猎头顾问不知道的信息的。

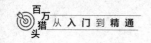

猎头顾问的分析和候选人的考虑很难说孰优孰劣、孰对孰错,因为背后的评判标准可能完全不同。一定要论对错,往往也不是当下就能看到的。所以更多的时候,需要的是猎头顾问的理解与接纳。

曾经有一个职位,候选人从供应商级别跳往客户级别的公司,角色也从调研往产品规划转换,薪资等都谈得不错。但是,候选人还是被原公司挽留住了,原因是原公司赞助其读MBA。诚然,我可以说很多道理,列举很多例子去动摇候选人的想法。但是,沟通下来我感受到了她内心的诉求与渴望,我无法说其一定不对,于是点了下利害关系后就没有多说什么。候选人最终选择留下。三年后,其再次找到我,半自嘲地说当初应该听我的,选择离开。但是,我告诉她,读的书并不是白读的,一切向前看就好了。

很多时候,旁观者清,但是能不能拉出当局者呢?尽力就好。

Q24 候选人遭遇公司强留时,我该怎么办?

除了"动感情""开条件"的挽留外,还有的企业是采用强留手段的。例如,有的部门领导平时看上去很和气、大度,到了这个关头终于露出了凶悍、自私的一面。这些说法珍妮姐都从候选人那里听到过。

◎ 我们这儿就没走过什么人,你走了,我面子何在。

◎ 你现在走,我的管理绩效奖金会被扣。

还有许多超出常理的理由,不同意员工辞职的。至于人事部和部门"同流合污",威胁员工拿不到退工单的情况比比皆是。对于有户籍的员工,还有称发了退工单,但不给劳动手册的。公司可能是这样考虑的:没有退工单,就意味着候选人和自己还没有解除劳动合同,在这种情况下,新雇主一般是不敢录用的。

在这种情况下,有的候选人觉得"胳膊拧不过大腿",自己拿企业是没有办法的,虽然万般不情愿,但只能选择忍气吞声地留下。其实这样的想法大错特错了。

如果得知候选人遭遇这样的情况,猎头顾问必须第一时间告诉候选人:不用怕,完全可以用法律的武器保护自己。可以让候选人在谈判时就告知企业:如果无理由地不让其离职,那么他会按《中华人民共和国劳动法》(以下简称《劳动法》)的规定,申请劳动仲裁。一旦企业得知员工不是法盲,部门就不敢恣意妄为了。

劳动仲裁属于特殊形式的民事诉讼,如果不服仲裁结果,还可以向法院提起诉讼。大家心里都清楚,犯不着走到这步。当然,实际上候选人就是给对方一个口头威胁罢了。

猎头顾问还需要做好心理辅导工作,即减轻候选人的心理负担,或者所谓的负罪感。我们中国人的行事理念,因为抱着"不要撕破脸、不要得罪领导"的心理,所以就会被利用。总会有人为了保护自己的利益,而破坏他人合理合法的职业机会。猎头顾问需要帮助候选人把脸皮练得厚一些,认清自己的行为是正当的做法,完全不需要"不好意思"。

案例分享

遭遇强留,真的是考验候选人的决心与勇气。

曾经有一个职位,候选人在国企。领导手里有他的软肋:他的太太当初是通过这个领导的关系才进入企业的。于是领导要挟他:如

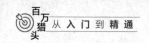

果他走,那么他的太太也得走。虽然我们也说可以帮忙给他的太太找找机会,但是远水救不了近火,而且机会还涉及异地问题。最后,候选人没有离职。两年后又联系到我,说这回肯定可以走了,太太已经先去上海工作了,问是否还有类似的机会,但时间已经过去两年了……

以这样的理由强留人是极少数情况,但是被强留的事情却不算太稀罕。遭遇强留,猎头顾问除了指出法律渠道的明路外,的确很难再做什么。但如果候选人愿意选择法律渠道,那么我们猎头顾问能做的就是一路陪伴,很多时候人需要的只是陪伴带来的勇气。

Q25 候选人想选择另一个Offer,我该怎么办?

1. 阶段不同,应对策略不同

如果是候选人在接到猎头顾问这边的 Offer 后,想以选择另一个 Offer 为由拒绝,或者猎头顾问察觉到不对,自己及时获知了这个理由,那么该猎头顾问还能再争取一下。

如果是候选人已经接受了 Offer,只是还没有入职,在这段时间内告知猎头顾问他不想去了,原因是候选人打算选择另一个 Offer,那么该猎头顾问虽然还能争取,但争取成功的可能性很小。

如果是候选人在约定入职日期前后,突然告知猎头顾问他不想去了,或者是一再拖延入职日期后,最终告知不想去了,那么不管候选人说了什么原因,如有其他 Offer,猎头顾问都无须争取了,因为木已成舟,争取成功的可能性为零。并且猎头顾问要牢记：万一今后再和这个候选人合作，则必须持慎之又慎的态度。撇开人品不谈，这样的人通常极度自私，为了个人利益最大化，从来不会顾及他人利益，属于没有共赢理念的人。"反正你们拿我没辙"，是这类候选人最常见的心理。

2. 说服工作的基本建议

尽可能多地了解另一个机会的情况：不要只关心 Offer 上写着的内容，更不要只听候选人的一面之词。只有当猎头顾问拿到的信息足够多时，才可能做到知己知彼，再劝说候选人方能一击即中的。

再次确认候选人跳槽的动机：只有根据候选人跳槽动机所属的因素去分析、比较、劝说才有可能奏效。

以候选人的意愿来评估两方的机会：只有从候选人意愿的角度出发去分析问题，才可能中肯地比较两方各自的利弊，也才可能做出有效的劝说。

3. 候选人决定另选 Offer 后的应对之策

（1）早送祝福、早善后

如果自己客户方的 Offer 的确不如别人家的，那么与其绞尽脑汁为自己的客户贴金、找亮点，不如早送祝福。只要候选人能尽力配合猎头顾问做好善后工作，猎头顾问在客户眼中的专业形象就还是好的。

（2）忠言逆耳还需言

如果认为候选人选择错了或行为失当，那么猎头顾问要敢于说不那么好听的"忠言"。无论是希望候选人今后待人能多加换位思考、顾及他人感受和利益，还是重申关于"跳槽看机会应该看什么"的观点，猎头顾问都可以心平气和地畅所欲言。当然，必须注意言辞得当，以免候选人以为猎头顾问是"狗急跳墙"，眼看自己的佣金泡汤而大放厥词。

虽然只要是猎头顾问,就都希望自己的Offer不会被拒绝,但是没有哪个猎头顾问能保证全都做到这一点。猎头顾问需要懊恼的并不是一个被拒绝Offer的经济损失,而是这个Offer的人脉损失。这种损失可以是关于候选人的,也可以是关于客户公司的。

猎头顾问唯一需要回答的问题是,再遇到类似的情况、类似的人时,我能否做得更专业?我在哪里还可以提高?

Q26 提出离职时,候选人所在公司要求其签竞业禁止协议怎么办?

目前,当候选人提出离职时,有的公司会要求其签竞业禁止协议,并且会在规定里写明:不能去候选人本来想加入的公司,或者做得更绝,把同行公司所在的类别"一网打尽"。遇到这种情况,建议的操作如下。

1. 让候选人千万不要签协议

一旦签了协议,就产生效力了,通常候选人想走也走不了,客户公司想要也不敢要了。

2. 确认协议是否有效

如果没有规定赔偿金额、期限、方式,那么协议本身是无效的,可以明确告知候选人无须害怕。当然,即便如此,还是不要签署,以免生出不必要的麻烦。

3. 如果签了协议,应及时向客户公司反馈情况

唯一能解决协议问题的手段就只有客户公司替候选人赔偿违约金。

猎头顾问在其中需要做的要点有两个：确认协议条款本身是否有效，让候选人选择不签协议。

很多候选人不敢不签，是怕公司不给退工单，不给出具离职证明。但事实上，按照《劳动法》的规定，如果候选人没有任何违法行为、因法律约束不得离开现在公司的，那么只要其提前一个月告知公司，就可以辞职走人。（《劳动法》第三十一条："劳动者解除劳动合同，应当提前三十日以书面形式通知用人单位。"）候选人完全可以申请劳动仲裁。若不服判决，还可以上诉到法院。（《劳动法》第八十三条："劳动争议当事人对仲裁裁决不服的，可以自收到仲裁裁决书之日起十五日内向人民法院提起诉讼。一方当事人在法定期限内不起诉又不履行仲裁裁决的，另一方当事人可以申请人民法院强制执行。"）当然，能这么做的前提是，候选人没有签竞业禁止协议。

当然，按照《劳动法》第一百零二条的规定（"劳动者违反本法规定的条件解除劳动合同或者违反劳动合同中约定的保密事项，对用人单位造成经济损失的，应当依法承担赔偿责任。"），如果候选人签过保密协议，或者曾经有约定的保密事项，那么他所在公司还可以据此要求赔偿。但是，因为认定违反保密协议，或者违反约定的保密事项的取证难度很大，所以一般来说，除非造成了重大的经济损失，否则公司很难要求候选人赔偿。正因为如此，公司才会要求候选人再签竞业禁止协议。

一言以蔽之，千万不要签协议。一旦签了，后果自负。作为猎头顾问，也要做好找备选人才的准备。

心得分享

珍妮猎头群里就竞业禁止协议讨论过许多次。最近有一次，有

猎头顾问就提问：候选人提出辞职，被要求签竞业禁止协议怎么办？一番询问后得知候选人迫于压力已经签了。我对这个猎头顾问说，那恐怕是走不了了，心态上就输了。后来小伙伴又得知，协议里把候选人要去的那家公司的名字都列进去了。最终结果的确是候选人没有走。

而我自己服务过的客户在此类事上有不同的做法：对于有竞业禁止协议在身的候选人，有的比较灵活，选择让候选人与第三方签合同来规避风险；也有的就很死板，一旦知道候选人身上有协议，无论内容如何，一律直接放弃。而那些签过竞业禁止协议的候选人，在"出走"时也有各种情况。有的是瞒着走的，没有东窗事发；有的是临走时解除协议的，不过往往只是口头承诺；有的是去其他行业过渡后再找机会的。

总之，情况各不相同，猎头顾问遇到的话，务必要足够重视，就事论事地应对。遇到这类事，一定是多重博弈的关系：候选人的态度、其原公司的态度、签了Offer的客户公司的态度都很重要。

· 本章小结 ·

从候选人签署Offer开始，到其入职为止的一段时间称为"离职期"。本章讲述了离职期存在的风险及猎头顾问应对的策略。

★ 现在公司挽留候选人，如何应对？

★ 现在公司要求候选人签署竞业禁止协议，如何应对？

★ 候选人悔约，想去其他公司了，如何应对？

如果候选人已决定悔约,转投其他公司,那么猎头顾问还有必要努力让其回心转意吗?

扫描二维码查看问题答案

CHAPTER 7

第 7 章
入职及跟踪：不开心，怎么办？

Q27 如何帮助候选人顺利度过保证期？

在猎头公司与客户公司所签的合同中，会有一个名为"保证期"的条款。通常这个特定的期限从入职算起，持续三个月或六个月。如果候选人在此期间辞职或被解雇，猎头公司就需要履行合同条款规定的义务，通常有如下 4 种情况。

◎ 返还该职位所收的全额或一定比例的佣金。

◎ 免费为该职位找到新的人选。

◎ 以下一个职位的佣金抵扣该职位的佣金。

◎ 下一个职位免佣金。

对猎头顾问而言，单个 Offer 成功的标志是，收到佣金且候选人安全度过保证期。没有度过保证期的话，只能说是功亏一篑。在保证期内，猎头顾问能做的就是和候选人、客户公司人事、部门直线人员（如果认识）保持沟通以便及时获取信息，必要时作为中间桥梁尽可能地化解矛盾、缓和气氛，消除彼此产生的不满甚至敌对的情绪。

1. 及时询问，注意细节

一般而言，入职的第一天、第一个周末、第二个周末、第一个月末、第二个月中、第三个月中……第六个月中，猎头顾问都需要和候选人打电话"聊家常"，看看他入职之后的适应情况，如有条件，见面聊是更加不错的选择。如果候选人没什么情况，即一切正常，那么前述频率可以降低。

如果有特殊情况，那么前述频率必须提高，同时要尽可能地进行积极的干预。此外，猎头顾问还需要特别注意：候选人是否有找新机会的想法或是否有被解雇的可能。一旦确认发生了挽回不了的情况，猎头顾问应早做打算。

候选人入职后的感觉怎么样，最直接的了解方法就是询问其本人。与贸然询问人事或部门相比，了解候选人的真实情况，最不容易出错的做法还是询问其本人。可以询问的维度有两个：一个是现在公司内部的情况。另一个是外部机会的情况。

询问过后，猎头顾问就会知道候选人入职后的满意情况了。当然，一些候选人比较谨慎内敛，即使有不满也不会直接表达或流露，但是只要猎头顾问问得勤，而且敏感细心，还是能感觉出几分端倪的。

2. 根据回应，判断情况

如果候选人说"……都蛮好的，就是×××有点出乎意料/感觉不太好/不太能接受、适应"，猎头顾问就需要警觉起来，能立即做出回应的，要立即回应。如果候选人不愿意和猎头顾问谈细节，只愿意用"还行吧""不好不坏""和预料的差不多吧"来回答，那么猎头顾问就需要从侧面了解打听一下情况，不排除这样的候选人已经打算另谋出路，或

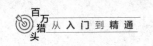

者自知被部门嫌弃。在这种情况下,他自然不愿意让猎头顾问知道。

3. 若有抱怨,及时开导

候选人入职后产生的不满情绪无外乎对领导/同事不满意、对工作本身不满意、对环境不满意。其中,有些是可以改变的,有些是不可以改变的。猎头顾问能做的是,促使可以改变的部分尽快改变,如帮助候选人调整心态;促使不可以改变的部分也要尽快被接受,如老板风格、出差频率等。

> **具体话术参考**
>
> - 关于文具用品啊、电脑、报销流程这些,在我看来都是小事,您只要和前台、行政、IT搞好关系,很快就能称心的啦。这点能耐我相信您绝对有。
> - 人事××也一直是蛮关心您的,经常问我您感觉怎么样。我觉得您有什么想法、意见、建议的,也可以找人事××聊聊,没准他可以帮您解决些问题,或者关于一些制度方面的事情,××解答总归是比我这边要精准。
> - 看来老板的风格是比较严厉的/是和您蛮不一样的人,不过跳槽这个风险总归是存在的,面试的时候谁能看得清呢?但既然都进来了,我个人建议还是先坚持着,毕竟您过来时间不长,如果立马跳走的话,对您履历上的稳定性来说总是不好的。

4. 联系人事,了解情况

猎头顾问发现候选人有不满情绪的时候,应该及时联系人事,通过人事打探情况。

> **具体话术参考**
>
> - ××进来有段时间了，您觉得他怎么样？
> - ××进来有段时间了，您从部门那有听到什么吗？
> - 我推荐进来的××，听他说自己的汇报线要换人。对于一个刚进公司的新人来说，这些信息总归让人不安。您若是方便，希望抽空找个时间和他聊聊。

5. 联系部门，了解情况

猎头顾问发现候选人有不满情绪的时候，如果自己认识部门老板且关系不错的话，可以私下问问部门老板，看看真实情况如何，以便做出正确的响应。

> **具体话术参考**
>
> - 您这边新招的××是我送进来的，您觉得他怎么样啊？

猎头顾问虽然不能掌控候选人一定能过保证期，但可以在此期间掌控对其的知情权和干预权。

案例分享

曾经有个职位，在跟进候选人入职后没几天，我就发现他状态不对。于是我赶紧约了他在公司附近吃便饭，了解情况。见面沟通后，得知问题出在他的外籍直线经理上。我原来知道的情况是，因为存在文化差异，所以许多候选人会对"外国头头"颇有微词。但我详细了解后，发现这次的不满已经不只是因为文化差异了，而是因为

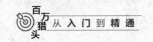

直线经理本身存在严重的问题：歧视中国人，而且充满负能量，一直爆粗口。

我虽然尽量安慰了候选人，也支了一些招数，但是觉得他如果选择离开，那也是无可厚非的。事后，我联系了HR，反映了情况。HR也很无奈，表示这个问题他们内部都知道，很多同事都有反映，他们正尝试申请把这个经理调离，但是未必会成功。通过多次斗智斗勇，我的候选人顽强地挺过了保证期，并且让直线经理在他面前收敛了不少，最后他做满了一年才离开。

保证期的跟进，目的并不是保证不出问题，而是保证第一时间知道出了什么问题，要如何解决；解决不了的话，备选方案是什么。

Q28 候选人无法度过保证期时，我该怎么办？

这种情况有两种类型：公司方不满候选人，将候选人解雇；候选人不满公司方，候选人选择离开。

对于两种类型，猎头顾问需要做到尽早获得信息，尽快访寻替补人才，获得候选人被解雇/选择离开的真实原因，从而尽可能避免替补人才重蹈覆辙。此外，如果猎头顾问获知候选人打算"裸辞"，即还没有新机会在手就选择离开，那么猎头顾问于人于己，都应该极力劝说他做满保证期再离开。

这么做，一方面，对候选人有利，保证期的时长往往也等同于候选人的试用期时长，只要试用期满了，就说明候选人自身没有问题，将来再找工作时，就可以排除被解雇的嫌疑；另一方面，对猎头顾问也有利，一旦过了保证期，哪怕是过了一天，保证期条款规定的处罚措施就会自动失效。

当然，劝说做满保证期的前提是候选人还没有提出辞职。换句话说，要想进行劝说，猎头顾问必须取得候选人的充分信任，从而能够精准把握其动态，并且能够对其最终决定产生足够的影响。

要知道，为了被自己视为朋友的猎头顾问能拿到佣金，候选人百般忍耐待满保证期的事例比比皆是。这不能完全归因于其天性中的乐于助人，毕竟要让候选人"帮朋友一个忙"，前提是猎头顾问充分努力过了，才会与候选人达到朋友的境界。

心得分享。

候选人不过保证期有自己走的，也有客户公司辞退的。公司辞退的，有候选人自身有问题的，也有客户公司出问题的。

有的是候选人入职后，客户公司集团层面发生高层震荡，候选人入职的部门被整个裁撤了。有的是候选人入职后不久，替领导背了黑锅，不得不走人的。对此，我们猎头顾问能做的就是，尽力帮候选人寻找新的机会。

但实际上，很多时候，猎头顾问自己手上没机会的话，就会作罢。能够去打听一下的猎头顾问，多半也是出于自己的道德感。如果能够在此刻多花些工夫的话，候选人是会很感激你的。

我自己没有遇到过这类情况，但是遇到过候选人来求助我的。虽然我手上没有合适的机会，但我还是帮他多方打听，并帮他投了好几处的简历。候选人后来找到了不错的工作机会，并在那个公司

内部发展得不错，主动将我们介绍给了他们的HR。

猎头顾问赚取佣金无可厚非，但不能"唯佣金是图"。多一些善意，少了一些功利你才能赢得人心，赢得人心就能赢得更多的机会。

· 本章小结 ·

候选人顺利入职了之后，对猎头顾问、候选人及企业来说都非万事大吉——因为猎头顾问有保证期要履行责任，候选人和企业有试用期要磨合。针对猎头顾问在保证期内会遇到的问题，本章讲述了相应的应对策略。

★ 在保证期内，猎头顾问的常规操作有哪些？

★ 如果候选人不能做满保证期，那么猎头顾问该如何应对？

候选人入职之后，猎头顾问除了询问当事人、HR及直线经理外，还有哪些渠道可以了解实际情况？

扫描二维码查看问题答案

CHAPTER 8

第 8 章
助力候选人：简历和面试，评估和优化

Q29 要不要做面试辅导？

从原则上讲，猎头顾问需要给候选人做面试辅导。在服务流程中，这是一个非常好的契机，猎头顾问可以展现自身专业度，提高候选人对自己的信任感等，同时，这也是猎头顾问能够为候选人提供的最有价值的服务之一。

关于是否要做面试辅导、面试辅导应该详尽到何种程度，则需要权衡猎头顾问和候选人两者的情况。在评估双方的资历、匹配情况等之后，就可以制定合适的方针了。一般来说，除非猎头顾问资历较浅，不适合为资历深的候选人做面试辅导以外，下面几种情况均可做面试辅导。

◎ 资历浅的猎头 VS 资历浅的候选人。
◎ 资历深的猎头 VS 资历浅的候选人。
◎ 资历深的猎头 VS 资历深的候选人。

评估资历深浅时，只看职场上工作年限长短和职位高低是不够的，更多的是要看与求职有关的经验,如猎头顾问做面试辅导的经验多寡、候选人实际参加过的面试次数多少等。猎头顾问需要记住的是,这里的资历深浅是相对概念,而不是绝对概念,必须对照猎头顾问和候选人的具体情况分析得出。

如果猎头顾问资历较浅,那么并不适合给资历深的候选人做面试辅导,原因是避免出现"你懂的,候选人都懂;你不懂的,候选人也懂"的尴尬。

当然,即使猎头顾问资历较浅,一些事务性的提醒也还是可以做的,如提醒准时到达面试地点、按面试要求穿正装等注意事项。这体现的是猎头顾问的尽职尽责,是一种态度。但这只能被视为广义的辅导。当然,即使猎头顾问资历比较浅而候选人资历很深,但只要候选人从来没有跳过槽、没有面过试,那么猎头还是可以有所作为的。在这种情况下,大多数候选人也会乐于接受辅导。

其实抛开专业性,只要候选人不排斥,猎头顾问都可以尽已所能去做面试辅导,关键是要体现出猎头顾问的专业,让候选人觉得内容有价值。

案例分享

珍妮姐刚开始做猎头顾问的时候,就遇到过一个虽然聪明,但很傲娇的管理咨询公司的候选人。我当时很认真地告知候选人面试的注意事项,他表现得有些不耐烦,表示这些他都明白,无须担心等。本来我还想做些面试辅导的,但是想想他未必乐意听,就作罢了。结果这位仁兄让我第一次接到了 HR 投诉:他迟到了 15 分钟,并且没有提前跟 HR 说明。当时我很惊奇:这么低级的错误怎么会发生在他身上呢?

后来,接触的人多了我才相信,无论是面试礼仪,还是面试问答,绝大多数候选人都是需要被叮嘱、被辅导的。尤其是那些自以为是的候选人，这类看似聪明的人更容易出问题。

总之，在面试领域，我们应该有足够的自信，我们才是专业的。不做辅导，对自己、对候选人都是一种不负责任的行为。对于 HR 和懂行的候选人而言，猎头顾问面试辅导的水平是重要的衡量标准：水平越高，他们越会认可我们的专业度。

Q30 如何做面试辅导？

1. 关于辅导时间

在通知候选人面试时，便与候选人预约辅导时间，一般约在面试前一天。如果猎头顾问给候选人做过辅导以后，客户公司因为各种原因更改了面试时间，只要候选人不排斥，那么猎头顾问还可以再做一次补充辅导：在新的面试时间的前一天，再与候选人通个电话，将重点或补充的内容说一说。

2. 关于沟通媒介

最佳媒介自然是见面，但限于各种实际情况，通常都是采用电话沟通的方式。如果很难约到电话沟通的时间，那么猎头顾问也可以选择通过其他方式做面试辅导。例如，通过发邮件、短信、微信，将注意事项告知候选人。

3. 关于辅导内容

只辅导经过经验验证是正确的内容，并请候选人再行判断。

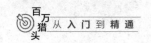

即使猎头顾问觉得自己很有经验，所说内容的正确性都是经过反复验证的，也不能保证候选人照着做就一定能万事大吉。如果面试结束后，候选人很不满意，觉得按猎头顾问说的做却出错了，或者不能做自己反而表现得不尽如人意等，猎头顾问的罪过岂不大了？所以，对于一些特别有依赖性的候选人，或者自身变通能力较差的候选人，猎头顾问务必要强调自己所说只是一家之言，候选人需要再行判断，觉得有理之处取之，无理之处弃之。总之，都是作仅供参考之用。

候选人感兴趣的内容要知无不言、言无不尽。给候选人做面试辅导，除了把自己想说的都说了外，更重要的是要把候选人想听的都说了。候选人感兴趣之处必是其疑惑之处。既然面试辅导的本意就是答疑解惑，那么猎头顾问一定要先询问候选人的需求，具体有哪些想和猎头顾问探讨交流？然后猎头顾问应尽己所能地作答，必要时还可以找他人"助攻"，如向自己的领导、同事、猎头朋友询问等。

内容要有针对性，切忌泛泛而谈。细化的内容包括但不限于：客户公司与其他公司有哪些不同的风格、面试官的脾气性格、候选人应聘职位的职能特点、该客户面试中常见的特殊问题或测试等。猎头顾问必须做到知无不言，言无不尽。如果面试辅导只是泛泛而谈，流于形式，那么候选人会觉得猎头顾问是在浪费他的时间，辅导的内容对他而言是老生常谈，毫无用处。

4. 关于个人形象

仪表仪态等面试注意事项一定要说。即使往往被人认为是"小儿科"，也一定要说。因为，无论候选人看起来多么聪明，说起来多么头头是道，都不能保证一定不会犯低级错误。

最后想提醒的是，虽说是面试辅导，但给候选人的印象应是面试前的建议。因为建议给人的感觉是平等的双方，而辅导则有老师和学生的味道在里面。特别是当候选人资历较深，或者其资历虽浅但非常自信（自负）时，如果猎头顾问让他感觉"像做学生一样"，那么候选人心里多半会觉得不是滋味，甚至影响今后的合作。

5. 关于面试辅导的效果

个人觉得做得好的面试辅导，在过程中候选人往往会出现以下反馈。

◎ 你这个问题提得太好了。你觉得我应该怎么回答才好？

◎ 这个问题我自己也不知道如何回答，你有什么建议呢？

◎ 你看看我这么回答行吗？

◎ 这个问题你把我问住了，我回去再想一想。

通常这些话一旦出现，就说明候选人充分认可了我们的专业，并给予了我们足够的信任。我有时候会和候选人模拟演练问答，然后再说明如果是我，我会怎么回答。每当面试结束后，候选人回来反馈说这些问题都问到了，感觉自己回答得不错的时候，的确让我很有成就感。

Q31 如何面试候选人才有效？

面试分为无结构化面试、半结构化面试和结构化面试（Structured Interviewing）。如果不想让面试跟着感觉走，那就得采用结构化的面试方法；或者说至少掌握了结构化的面试方法之后，再"任性"发挥也不迟。

1. 结构化面试的定义

所谓结构化面试,中国科学院研究员时勘教授的定义是,根据特定职位的胜任特征要求,遵循固定的程序,采用专门的题库、评价标准和评价方法,通过考官小组与应考者面对面的言语交流等方式,评价应考者是否符合招聘岗位要求的人才测评方法。

2. 结构化面试的设计

结构化面试的设计步骤如下图所示。

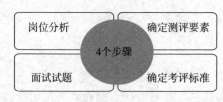

结构化面试设计的 4 个步骤

(1)岗位分析

岗位分析应该同时包括两方面:岗位说明书的分析和岗位说明书以外的分析。

重点解释下"岗位说明书以外的分析",即为了了解职位的真实需求,如何进一步询问相关人士。相关人士包括负责招聘的 HR、用人部门的直线经理、业内相关人士。业内相关人士包括但不限于:曾经做过该职位的人、应聘过这个职位的人,以及对岗位职能或该公司比较熟悉,又有发言权的人。

可以询问的信息包括但不限于:岗位说明书上不方便说明的要求,如选材的目标公司;相对岗位说明书有所更新的要求,如说明书要求年限是 5 年以上,现在的年限要求放宽到了 3 年以上等。

（2）确定测评要素

确定测评要素是指需要考查哪些要素，具体到需要具备哪些能力、素质，甚至是性格、风格。

（3）面试试题

对于该职位的候选人，我们要问哪些问题，需要把这些问题事先准备好。这就和老师出试卷一样：要考查候选人哪些要素，就要准备相应的问题，答题的策略也根据这些要素来制定。

（4）确定考评标准

所谓标准，就是指需要考查的要素的细化要求。例如，客户公司要求候选人具有××能力，那么猎头顾问就要去了解：这项能力到底是要求知道、了解、熟悉还是精通呢？类似地，所谓"性格开朗"，是泛泛而谈，还是要求候选人能"骂不还口""什么批评都不会放在心上"？至于做事风格，如果之前与客户公司的 HR 或部门有过合作，那么猎头顾问最好要求提供一位双方彼此熟悉、风格与此次要求类似的人员，这样就可以将其作为基准，参照着筛选候选人。

3. 结构化面试的实施

STAR 原则是实施中必须掌握的重要工具。

所谓 STAR 原则，即 Situation（情景）、Task（任务）、Action（行动）和 Result（结果）这 4 个英文单词的首字母组合。

S（Situation），情景：在面谈中，我们常会要求应聘者"讲故事"。为了让人理解他所讲的"故事"，一般会让他描述当时的背景状况。需要注意的是，这个"故事"必须是发生在他从事岗位期间，由他亲自做过，对企业或项目非常重要，又可以当作我们考评标准的事件。

T（Task），任务：在提供了背景环境的基础上，要进一步明确应聘

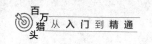

者所执行的任务与角色,从而判断该应聘者是否真的做过他描述的职位,以及他是否具备胜任岗位的相应能力。

A(Action),行动:在应聘者所描述的任务当中,他自己担任的角色明确以后,就应考查他是如何操作与执行任务的。

R(Result),结果:该项任务在行动后所达到的效果。

举例来说,就拿我自己"开刀"吧。我在待孕期间,想到把自己的经验写个总结出来。那段时间基本上除了吃饭和睡觉外,我白天的时间都在写书,前后花了40天的时间,终于写出了《跳槽就是相亲》的初稿,之后就是修改和找出版社,最后,次年书出版了。在这件事里,情景是我在待孕期间,任务是写个经验总结出来,过程是花了40天时间,结果是总结成了书并顺利出版。这就是一个典型的符合STAR原则的完整例子。

(1)使用STAR原则的判断标准

亲身经历:应聘者是不是在拿别人的事情说事?如果是,那么一旦客户问到细节,他就会露出马脚。

已完成:是不是已经盖棺定论了的?如果还未完成,那么就是缺少R,就不符合STAR原则,不是完整的例子了。

是否够具体、完整:描述是不是有细节?如果描述没有细节,过程比较简略的话,那么就有理由怀疑事情不是他亲自做的,或者不是他独自做的;他可能只是参与其中,但并不是起主导作用的角色。

总之,结构化面试是需要事先做好充足准备的。建议梳理一份常规面试问题清单,每次面试前花五分钟时间做面试设计。

(2)STAR原则的使用说明

确认是不是候选人亲自干过的事情,只要用好STAR原则,坚持刨根问底,一般都能让过度包装的候选人原形毕露。当然,要做到刨根问底,就必须对候选人所从事的职位的职能，甚至对其公司非常了解。

> **具体话术参考**
>
> - 你和××是什么关系？这个项目是你负责的，那么他的角色是什么？其实我知道××是其领导，这个项目不可能他负责。
> - 你说去年你是整个大区的销售冠军，那么你们大区多少人？第二、第三的数字是多少？/其他几个大区的销售冠军的数字是多少呢？
> - 流程里你觉得最难的环节是哪个？为什么？
> - 你说的"结果好"，参照的标准是什么？

总之，追问候选人的分工，追问数字，追问流程细节，追问难点。通过判断是不是亲身经历，以及与其他候选人比较下来，两者的高下，猎头顾问是能够做到心中有答案的。

Q32 候选人不肯修改简历，我该如何应对？

候选人不肯修改简历的常见原因如下。

①对机会不重视，觉得没有必要浪费精力去改简历。

②出差太多、加班太多，没精力修改。

③觉得自己的简历写得很完善了，没有可改之处。

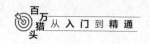

④觉得改简历是猎头顾问的分内事。

具体分析如下。

原因①往往会以原因②为表现形式,这时就需要猎头顾问先做判断了:候选人真的是因为②,忙得一再拖延交付简历的日期,还是仅仅单纯地认为没必要?

如果弄清楚了是原因①,那么猎头顾问需要向候选人指出以下内容。

● 简历的重要性:简历是推荐报告的基础,简历中的信息不完善、内容不详尽、逻辑不清晰会影响候选人获得面试机会的概率。既然候选人选择应聘这个职位,那么至少要为拿到面试机会而努力。

● 简历的不可替代性:简历中的工作内容、工作业绩是猎头顾问不可能有本事凭想象代劳的。

对于原因②,首先,猎头顾问需要表达谅解,因为对于一些工作特别繁忙的候选人来说,他们的确没时间更新简历;其次,猎头顾问需要让候选人看到自己的努力,尽可能为其提供力所能及的帮助;最后,猎头顾问要不断地督促、恳请候选人尽快赶出简历。所谓的"力所能及的帮助"包括但不限于:通过电话、电邮、微信/短信等方式,一次性地将基本信息类内容完善补齐;自己承揽简历的格式修改、修正,并告知候选人猎头顾问为他做的工作;认真地写封邮件,明确告知候选人需要修改的地方。例如,请补充第二家公司的工作业绩,列1~3条;请补充最近一家公司的初始岗位信息,包括岗位名称、时间段、工作职责等。

对于原因③,猎头顾问可以将写得出彩的、优秀的简历节选部分内容,在发给该候选人看的同时,用他可以接受的方式让他自辨差距。

如果要提供参考简历,那么必须删除原简历中的个人信息和公司信息，以免候选人有意或无意地传播出去，对原简历所有人造成伤害。

不要提供给候选人同类职能的简历，以免其照搬照抄。建议的做法是，提供客服的简历给销售，提供销售的简历给技术。

对于原因④，猎头需要向候选人指出以下几方面。

- 简历的不可替代性：简历中的工作内容、工作业绩是猎头顾问不可能有本事凭想象代劳的。
- 责任重大：如果猎头顾问愿意代笔，就意味着他手里有不少代笔的简历，不说千篇一律，起码难逃面目相似，候选人就不怕和别人"撞衫"吗？就不怕猎头顾问水平不足，导致自己丧失面试机会吗？
- 超出职责范围：猎头顾问的职责是写推荐报告，不是写简历。

除了以上4种原因或其他原因外，还可以给候选人强调如下三点。

①功夫在平时：一有空就可以把最新的经历补充进去，常看、常写、常改。

②墨菲定律：候选人以为简历不重要、没有面试官会认真看，那么简历就会变得非常重要，会遇到一个非常认真看简历的面试官。

③木桶原理：当候选人的简历写得糟糕的时候，猎头顾问的推荐报告不可能会出彩，美好的书面或口头评价都会变得一文不值，因为谁会相信，一个连简历都不肯好好写的人，竟然会拥有如此高的责任感、细节导向等企业看重的完美品质呢？

至此，试问如果该说的道理都说了，候选人还是不肯修改简历的话，猎头顾问有理由怀疑他不是真的考虑自己手中的机会。

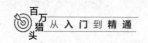

Q33 要不要帮候选人写简历？

前面一个问题探讨的是修改简历，而这个问题则要探讨写简历。如果候选人真的连简历都懒得写，那么猎头顾问要不要帮其写呢？

个人的看法是，不帮。

简历应该由候选人提供，换句话说，这是他分内事。如果一个人想求职找机会，简历却不愿意写，那么这样的人还谈什么职业素养呢？

当然，凡事都有例外，例外的情况如下。

情况一：候选人没有书写英语简历的能力，但推荐报告必须是英语或中英的；或者客户公司默认可以接受该候选人，但制度规范上需要提供英语简历的，猎头顾问应该代劳。

情况二：候选人只有外文简历，但最近一段时间工作非常繁忙，一直在出差、开会地连轴转，实在没有余力书写中文简历，猎头顾问应该代劳。

实际上，以上情况均非完全没有简历的情况，只是没有其中一种语言的简历而已。

态度决定一切。我遇到过的英语书写能力较弱的候选人中，有利用在线翻译来写简历的，有自觉自愿多次修改简历的，也有凌晨通过卫星通信从游轮上发来简历的。可以说，越高级的人才、越资深的管理者，其简历往往从形式到内容都越精良。

总之，如果候选人重视自己、重视机会，那么他不会不提供简历。当然，跳槽不需要简历的人才除外。

Q34 如何判断一份简历写得好不好?

简历写得好不好,对于常看简历的人来说,扫一眼便知。归结来说,有如下几个参考标准。

1. 信息完整度

◎ 个人基本信息清楚:包括性别、地址、联系方式、婚姻情况等。

◎ 教育信息清晰:包括年限、学校、专业、学历情况等。

◎ 工作经历明确:包括历任公司、职位、时间段等,且没有空档期,或者即使有空档期,也有明确而合理的说明。

◎ 与应聘职位相关的技能信息充分:如语言、计算机、专业相关证书等均能提供。

2. 形式美观度

◎ 简历呈现的形式让人感觉眼前一亮,或者至少赏心悦目。

◎ 没有明显的字体、字号、间隔上的瑕疵。

3. 内容详略得当,重点突出

◎ 工作职责清晰:有分类,有占比。

◎ 工作业绩明确:有数据,有描述。

◎ 和应聘职位高度相关的内容突出详尽。

◎ 和应聘职位中、低度相关的内容一笔带过。

◎ 和应聘职位无关的内容没有罗列。

所谓好简历,就是只要是从简历上应该获得的信息,就都能直接获得,并且能让阅读者觉得候选人与职位高度契合。作为评估的标准包括基本信息、教育背景、稳定性、公司、职位及职能。

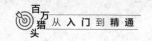

基本信息：年龄、性别、婚姻、地址等符合招聘岗位的要求。

教育背景：符合学历要求，甚至是名校、名专业并且成绩优异。

稳定性：每家公司都待了三年以上，而非只有一两年。

公司：客户公司的竞争对手、对标公司等客户希望看到的公司，或者皆是业内大公司、领域内知名公司。

职位：符合客户的预期。

职能：与了解到的招聘岗位的实际需求有80%以上的匹配度。

总之，简历读得多了，面试得多了，自然就能做到扫一眼，八九不离十。

· 本章小结 ·

本章讲述了两个容易被忽视的环节：面试辅导与简历撰写。

★ 面试辅导的重要性及如何做好面试辅导？

★ 如何判断一份简历是否优秀？

★ 根据候选人撰写简历的意愿，如何准确把握其求职动机？

猎头顾问约候选人面聊，有哪些注意事项？

扫描二维码查看问题答案

PART 2

客户管理

管理HR：事重要？人重要？

管理部门：招聘方？求职方？

管理高层：要"巴结"吧？怎么"巴结"？

赢得客户：为什么是你不是他？

CHAPTER 9

第 9 章

管理 HR：事重要？人重要？

Q35 如何和人事建立战略伙伴关系？

在国际事务中，战略伙伴关系是指一种不针对第三国、不搞对抗，推动平等合作的正常国家关系，是政治对话关系。

在猎头顾问和人事之间，也应该建立类似的这种关系。而要建立这样一种关系，自然需要双方有共识并愿意为之努力。但通常世界是不平衡、不对称的，任何关系的建立，总是需要一方更加主动积极。在人事和猎头顾问之间，自然是猎头顾问需要扮演更主动积极的一方。

要和人事建立起战略伙伴关系，猎头顾问需要做到以下几点。

1. 专业

专业可以让猎头顾问取得人事在业务上对其的认可。

◎ 知识：行业、职位、公司层面。

◎ 能力：候选人情况的及时、全面、准确地把握。

◎ 技能：外语、推荐报告、邮件等文件的书写。

◎ 举止：电话沟通、当面会谈。

2. 敬业

敬业可以让猎头顾问取得人事在感情上对他的认可。

◎ 保证做到及时地跟进、跟进再跟进，不间断地、主动地给人事提供他想知道的信息。

◎ 人事永远可以从猎头顾问那里得到第一时间的响应。

◎ 为了人事能更便捷地开展工作，愿意承担一些分外事。

◎ 永远不在人事面前发无意义的抱怨。

3. 原则

原则可以让猎头顾问取得人事对他的尊重。

◎ 平等和尊重，守住和人事平等对话的前提条件。

◎ 不接受人事无理由的侮辱、谩骂，即不接受恶意的人身攻击。

◎ 只接受对事不对人的批评、就事论事的解决问题的态度。

◎ 分清利益的先后次序，守住应有的立场：第一，维护自己公司的合法利益；第二，维护双方公司的合法利益；第三，维护人事、候选人及自身的合法利益。

只有取得人事对自己的充分认可，获得人事对自己的充分信任后，猎头顾问才能建立起和人事的战略伙伴关系，才能在第一时间拿到更多的有质量的职位，知道职位更真实的情况，得到候选人更及时的反馈及能够和部门对话接触，进而形成可持续发展的长期合作。

不得不提，既然和人打交道，我们都或多或少知道、学习过一些性格分类方法，如九型人格、DISC 性格理论等，或许一些人还会运用这些方法来分析、判断自己遇到的候选人和人事的性格，并依此来处理人际关系，做出各种应对。对此我个人的看法是，这些都只能作为辅助之用。人与人

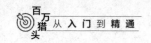

的相处，归根结底是"换位思考、共赢思维、以心换心、以诚待人"。

当然，正如一个人无法让所有人都喜欢他一样，一个猎头顾问也无法让所有人事都喜欢他，这再正常不过了。事实上，也并不是每个人事都具有高度的责任感、进取心的，并非所有人事都想把事情做好，和猎头顾问建立良好的合作关系并达成共赢的。但是，只要猎头顾问坚信"找到对的人，坚持做对的事"，那么付出的努力必定会有收获。

案例分享。

说两件小事，都是我转型之后的事。

第一件：之前合作过的 HR 跳槽去了新的行业，问我有什么可以推荐的猎头顾问。我给她推荐了一位，很快他们就签了合同，猎头顾问也做成了单。

第二件：我举办猎头 VS 人才对对碰系列活动需要 HR 嘉宾，我找了之前一家客户公司的 HR（现在已经是 HR 总监），她立马就答应了。结束时她说了一句话："你搞活动不容易，能帮就帮你一把。"

我想一旦形成了信任关系，那么合作的范围就不再局限于职位本身了。合作伙伴之间，除了代表公司处处讲利外，还是可以从个人角度讲讲情的。

Q36 如何应对只讲关系的人事？

这里只讲如何和这样的人事合作职位，即不谈 BD（业务开拓）阶段。

如果猎头顾问遇到了喜欢只讲关系的人事，那是再正常不过的事了。

1. 分析现有资源

分析自己手上有没有能和人事攀上关系的人、事、便利条件，只要有就要加以利用。例如，一位人事经常在朋友圈分享孩子的照片，特别是去某家游乐场的照片，如迪士尼乐园，而你正好有同学在那家游乐场工作，确定能拿到优惠的价格。那么你就可以寻找合适的时机，和人事谈起这个事，一来二去大家就熟了。在商言商，知其所好而投其所好没什么可耻的。毕竟如果这样做，就可以掌握主动，何乐而不为呢？如果有机会掌握主动而放弃把握机会，那么就会落到被动的位置上，即没有"关系"的位置。这就意味着与有"关系"的竞争对手相比，自己会晚拿到职位、拿不到可靠的职位信息，甚至拿到的都是鸡肋职位——即使再努力，也做不出结果的职位。但如果的确没有关系可以利用，那么只能拼实力了。

2. 认真开展工作

只要猎头顾问能够为人事结案，就能获得一席之地。对猎头顾问来说，获得了一席之地之后，肯定想提高自己的地位，毕竟谁都不愿意一直"啃"效益很差的鸡肋职位，更不愿意处在随时可能被打入"冷宫"的位置。

3. 努力建立关系

肯定有人会问，为什么不一上来就这么做？这是因为，如果猎头顾问一上来就急于拉关系，和其他没有关系的供应商一样，且不说人事是否得空愿意赏脸，就算赏脸，此时的努力也往往是"肉包子打狗，有去无回"，因为没有规定说"你对我好，我就要对你好"。如果有两个同样是没有关系的供应商，人事总会留下能做事的那个。毕竟不管在什么公司，人事总得对上面有所交代。对做招聘的人事而言，鸡肋职位总得有人"啃"，也总得有能"啃"的人。先本本分分地做事，把鸡肋职位做成了，体现出和别的竞争对手的差异，再和人事套近乎也不迟。

实际上，做事和做人是同时进行的，只不过主次有别。因为搞关系的目的是拿单子，拿单子是为了成单子，如果成不了单，一切就没有意义了。换句话说，不管是单子本身有问题，还是猎头顾问能力存在问题，只要猎头顾问无法成单，搞关系就没有意义。即使猎头顾问和人事关系搭建得再好，只要猎头顾问能力出现问题，那么人事也不会再合作。反之，如果单子本身有问题，那么猎头顾问也不会接人事的单子。

4. 总结经验

通过总结一段时间以来的合作情况，分析、制定接下去的策略。根据对该客户公司的战略意义的评估，决定接下去的行动是继续维护、加强维护还是放弃维护。作为有心成为"百万猎头"的读者，一定要学会每3~6个月重新评估合作者，并预估未来1年的可能性，具体的评估内容可以包括但不限于以下内容。

◎ 与该客户公司的人事关系发展的目前情况，预估未来可以在哪些方面发展。

◎ 该客户公司分给自己的职位量的目前情况，预估未来其可能给到自己的职位量的变化。

◎ 该客户公司分给自己的职位质的目前情况，预估未来职位质量的变化。

◎ 该客户公司对总体业务贡献的目前情况，预估未来其在自身总体业务中的位置。

从理论上来说，存在一种非常不错的设想，即评估一家客户公司的战略意义，但实际这只能作为分析的辅助之用。因为，即使能够做到客观评估眼前的情况，也无法保证据此就能准确预估未来。在实际操作中，最简单有效的评估方法是，如果人事只讲关系，那就评估能不能从其手中拿到高质量的单子，即有把握做成的单子。不能的话，与其浪费时间在这家客户公司身上，不如去做别的单子；没有别家的单子或单量不足，就抓紧去拓展新客户。

关于人际关系的书有很多，读者可以自行选择。实施的原则只有一个——知其所好并投其所好。当然，"所好"所需要付出的是什么代价，以及这个代价值不值得，是需要各人去衡量的，但要记住不要把灵魂出卖给魔鬼。

Q37 客户公司的人事内部关系复杂，我该"投靠"谁？

所谓人事内部关系复杂，通常可以分为两方面：招聘团队内部关系复杂；招聘团队与其他团队间关系复杂。

1. 招聘团队内部关系复杂

负责招聘的人事主管和人事专员不和，人事专员彼此之间不和。

作为猎头顾问，能做的就是不管是谁给你的职位，你都要认真对待、一视同仁。至于他们彼此之间的矛盾，你知道也要当作不知道，装傻充愣就好了，没有必要传谁的是非，也没有必要做谁的跟班。

作为外人，猎头顾问有充足的理由不介入，做好职位是你的本分，尽到本分就够了。当然，"城门失火、殃及池鱼"的事故总有发生的概率，明明是他们内部不和，却让猎头顾问的候选人成了牺牲品，猎头顾问的职位也就莫名其妙地黄了。但这种情况发生的概率很低，毕竟作为招聘

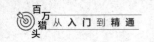

团队,他们的共同任务是完成招聘。

必须提醒的一点是,谁都不要得罪,在一定会得罪人的情况下,不能得罪招聘团队的负责人。换句话说,不要和负责人不喜欢的招聘专员走得太近,这会直接导致负责人对你不满。说不定在哪个 Offer 上,负责人就会用卡你的候选人,或卡候选人的薪资、福利等手段"杀鸡儆猴"。猎头顾问必须知道:只要招聘团队负责人不首肯,薪资就是悬空的数字而已,Offer 也不能走之后的审批流程。大多数公司在招聘上做得很专门化了,只有招聘负责人有决定权,如决定某个职位要和哪家或哪几家猎头公司合作,决定签署的猎头合同需要满足哪些条件等。当然,由于招聘负责人管的是一个团队,往往并不亲自负责具体的招聘工作,或者只负责重大职位的招聘,招聘专员才是具体负责职位招聘的人,所以猎头顾问也不能忽视维护和他们的关系。猎头顾问和他们打交道时,必须以对待他们领导一样的态度来对待他们,这样他们也就没有为难猎头顾问的必要了。

一般来说,即使招聘团队内部的关系复杂,对猎头顾问做职位的影响也不大。

2. 招聘团队与其他团队之间的关系复杂

通常涉及招聘团队和 HR BP(人力资源业务合作伙伴)团队、薪资福利团队之间的关系。这几个团队因各自的分工、扮演的角色不同,经常会产生矛盾、冲突,甚至引发不和。

在很多公司里,招聘团队和 HR BP 团队的矛盾几乎是不可避免的。一旦有 HR BP 团队,就意味着招聘团队不能直接与业务部门沟通,因为这种沟通按规章制度应由 HR BP 团队负责。招聘团队必须从 HR BP 团队那里拿到职位描述、需求等,甚至有的公司只让 HR BP 参加到面试环节中。换句话说,招聘团队的工作效率将不得不依赖于 HR BP 团队或者受制于 HR BP 团队。而 HR BP 团队为了要体现自身存在的价值，往往也不会积极与招聘团队合作。因而，两方不和是常有的事。

至于薪资福利团队和招聘团队如果有矛盾，那么通常只是由于双方获取信息的渠道不同而已。毕竟薪资福利团队看的是通用的信息，只能依据市场评估报告中的职位薪资价格判断，最多参考内部人员的薪资价格；而招聘团队处在"抢人"的第一线，看到的是市场实际的供求关系，以及最新的薪资价格。如果因为各种原因，造成两个团队对于职位薪资的评估结果相差比较大，那么这样的 Offer 就会比较难做。不过，虽说最终结果取决于两方的博弈，但因为大家都懂得制度大于一切的道理，所以除非招聘和薪资福利的负责人有私人恩怨，否则两方通常不会真的不和。

通常情况下，猎头顾问只能对接招聘团队，和 HR BP 及薪资福利团队的成员是接触不到的。换句话说，猎头顾问对接的通常是处于弱势地位的招聘团队。如果猎头顾问想提高自己的成功率，那么必须尽可能地和 HR BP 团队进行有必要的沟通，但并不能因此而不搭理负责招聘的人事。只要职位招聘的官方接口还是招聘团队，猎头顾问就不能怠慢，但这和与 HR BP 团队建立联系并不矛盾。

总之，只要始终专注于帮助客户公司解决招聘问题，猎头顾问开展业务的大方向就不会错，大利益就不会丢。

案例分享

珍妮姐曾经合作过一家客户公司，HR 团队的组织结构发生过重大变化：从只有招聘团队到新增了 HR BP 团队。我们在合作中就发现，从有了 HR BP 团队后，招聘团队就拿不到职位的实际需求了，而且面试也都需要 HR BP 再面一轮，HR BP 团队在招聘上有更大的

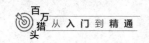

话语权。但是，流程上按规定我们是只对接招聘团队的。当时的处理是继续按流程对接招聘团队，并且把我们掌握的信息、反馈都积极地分享给招聘团队，不让招聘团队觉得我们有所怠慢。同时，也让他们借力我们的信息，在职位招聘的过程中争取主动、尽可能多地参与进去，而不是被架空。同时，对于一些需要 HR BP 团队才能反馈、拍板的事情，我们还是会第一时间联系 HR BP 团队，以示我们尊重他们的地位和价值。但通常情况下，我们不会跳过招聘团队去联系他们，即使这样做的结果是，我们可能会牺牲一些时间，无法得到及时的信息和反馈。结果通过当年的磨合，虽然我们的业绩不是最佳的，但是两边对我们都很满意。次年，HR BP 团队的负责人跳槽离开了，内部结构再次调整。招聘团队与 HR BP 团队又合并了，HR BP 团队的角色直接涵盖招聘，而招聘团队负责人成了 HR BP 团队负责人。我们成了这家客户公司最信任的供应商。据我所知，当年很多供应商知道实权在 HR BP 团队手里后，就都纷纷对 HR BP 团队示好，对招聘团队爱搭不理。即使有的流程上还是做得无可挑剔，但是并没有真正重视招聘人员的合作感受。

所以，不管企业内部的纷争如何，作为外部供应商，猎头顾问需要谨记的就是服务好客户公司的人是必须的。

Q38 如何向人事索要职位？

对"索要职位"的理解有以下几方面。

第一，人事没有第一时间放给我做的职位，我要让他今后第一时间放给我做。

第二，人事放给别的猎头顾问做的职位，只要我也有能力做，我就要让他今后也放给我做。

第三，人事没有放（国内）猎头渠道做的职位，如果了解到他目前进展不顺，我就要让他放给我做。

换句话说，"如何向人事索要职位"是指如何做到第一时间拿到职位，尤其是自己有能力做的职位。

人事没有第一时间放职位给你或根本没有放职位给你的原因如下。

情况一：人事不喜欢你这人。不管你有没有能力做这个职位，他有别的选择的情况下，就不愿意给你做或让你先做。

情况二：人事不认可你的能力。人事不认为你有能力做成这个职位，或者人事认为有比你能力更强、更合适的猎头顾问，不愿意给你做或不愿意让你先做。

情况三：和人事对你的看法无关。由于预算限制，职位不放给猎头顾问做；或者由于高层决策，职位不放给国内的猎头顾问做；或者因为你所在的公司不是其核心供应商，而根据合同，核心供应商拥有两周的独家权，所以人事无权第一时间放给你做。

据上所述，情况三不是靠你一己之力能够改变的，或者说是需要你费心去改变的；但情况一和情况二却是需要你反思、极力去改变的。

如果不改变人事对你的看法，那么不管你怎么索要职位，都不会如你所愿，理由如下。

如果人事不喜欢你这个人，哪怕你通过自己业内的人脉获知职位在招聘，人事也会否认。即使人事也承认职位在招聘，但他就是不给你授权，

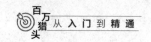

你能奈何？当然，你可以强行把人选以报告的形式推荐给人事，但人事完全可以对此置之不理，对你的所作所为更难心生好感。如果人事不得不用你的人选，其心理状态也是被胁迫的，你觉得这会有助于改善人事对你的印象吗？也就是说，你的方法选错了，你要做的不是证明你的能力，而是证明你的为人——你要让人事先不讨厌你。该怎么做呢？除了请教书本，更要请教周围的关系达人，慢慢学习、实践。

如果人事不认可你的能力，但对你愿意推荐人选没有排斥的意思，那么你可以试探说："我听说你们在招聘××职位，我手边正好有这样的人，我把他们推荐给你吧，报告我都做好了，没准能用得上呢。"人事对此没有说不可以、不需要之类的话，就表示他并不排斥，那么这时你才可以做推荐，但务必保证推荐人选的质量，最好能够成功结案。如果能够成功结案，那么一般能改善人事对你能力的印象。

总之，趁人事对你的印象有所改观之际，要能够"趁热打铁"，继续提升自己的形象，拉近与人事的关系。换句话说，此时一定要脸皮厚一点，学会"得寸进尺""步步为营"地向人事提要求——先从给职位开始，再到给更多的职位。

案例分享

有一次，珍妮姐群里的一位猎头顾问谈到重复送人的问题，即两家猎头公司拿到了同一个人选的简历，并先后送了同一个职位。他是后送的那一个，后送的原因是他拿到了更新的简历，做了详细沟通后才推荐的人选；而另一家猎头公司是拿了老的简历就直接送了。从专业度上来说，后送的这位猎头顾问做得更好。但是从合同规定的时间先后规则来说，人选只能判给另一家猎头公司。为此，他很懊恼，觉得这样太不公平了，但是又无可奈何。

我问他："你说的实际情况人事都知道吗？"

他说："人事都知道，我也提供了证明。我感觉人事是认可我的，但是她也没办法。"

我说："根据经验，在这个人选上没办法挽回了。但既然人事认可你的做法，认可你的服务，那就未必不能看作一个机会。你想想看，能不能抓住这个契机，为自己谋取些别的福利呢？"

他说："福利？珍妮姐，我不理解。"

我说："你可以问问看，他们最近有没有新的职位出来？能不能独家放你做一两周的；或者最近有什么 Offer 在谈的，数字上面如果有上浮空间，能不能争取到这个空间。如果人事认可你，内心多少也觉得对你有所亏欠，那么你完全是有可能谋取到这些福利的。"

他说："我试试看。"

后来他私信我，很开心地说他一问，人事还真的给了他一个新职位，让他可以独家做一周。说实话，当初虽然我并不了解这个客户公司的情况，无法确定人事会不会给到这样的福利，但是根据经验，我觉得抓住机会问一问总是没错的。

Q39 如何询问人事关于职位信息方面的问题？

职位的信息可以分为职位的基本信息、职位的相关信息及职位的进展信息。

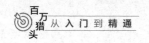

1. 职位的基本信息

◎ 职位的新旧：新设的职位还是替换离职人员的职位。

◎ 职位的汇报线：包含上司的职务和下属的人数。

◎ 职位的薪资范畴。

◎ 职位的内部级别。

◎ 职位的要求：不仅要包括职位说明书里列明的要求，而且要挖掘虽然没有列明，但部门实质期待的岗位内涵等。

关于基本信息需要在拿到职位的时候就询问人事。只不过在具体询问的方式选择上，最好要顺着人事的习惯来。有的人事喜欢微信语音直接口头回答，有的则习惯通电话，还有的喜欢发邮件来作为书面回答形式。一般来说，猎头顾问都能从人事那儿获得职位的基本信息。

2. 职位的相关信息

如果是新设的职位，那么要了解新设职位的真实原因：是业务确实拓展了，还是作为人才储备，或者是为了平衡部门之间的关系。事实上，新设职位的理由千奇百怪，猎头顾问要想方设法从人事那里了解到真实情况。

如果是替换职位，那么必须知道前任去哪里了。是内部升迁或调动，还是主动辞职，或者是被迫离职。其中，是否有人际关系的纠葛。一般来说，能否了解到这一信息，对于猎头顾问评估此职位的难易程度至关重要。

汇报线的风格如何？同一条线上的上司及下属具有怎样的背景？有的汇报线简洁明快，有的则是讲求流程合规。有的团队英雄不问出处，有的团队则喜欢名校光环。猎头顾问可以根据汇报线的情况，大致确定要送怎样的候选人。

职位有无之前未说明的特殊要求？例如，实际工作地点会经常变化、周末出差比较多、领导不喜欢处女座等。别管这些特殊要求合理不合理，诸如此类信息有助于猎头顾问与候选人"谈心""交底"。

人事是否有访寻建议？例如，有倾向性的目标公司，或者有不希望碰的例外公司。如果人事愿意给出访寻建议，那么猎头顾问就可以少走许多弯路，特别是可以避免"触雷"的风险。

从理论上讲，在拿到职位的时候，就可以询问人事职位的相关信息，但实际情况却要因人而异。猎头顾问需要综合评估以下几项。

◎ 人事境况如何？是新来的吗？最近与部门间关系好吗？
◎ 人事行事风格怎样？做事积极吗？消息灵通吗？
◎ 猎头顾问与人事的关系很亲密，还是比较一般，属于公事公办那种？

简而言之，并非越早询问越好。对于关系一般的人事，或者消息不怎么灵通的人事，只有在职位进入访寻和推荐阶段时，才适合询问某些敏感问题。如果过早询问，不但可能被有的人事随便应付，而且可能会被误导。很多误导猎头顾问的人事倒也不是故意的，这是因为有的人事级别较低，或者是对部门的熟悉程度不同，一些信息并非他能够知道的，特别是刚开始的时候，许多人事和猎头顾问一样，只知道个大概。

总之，猎头顾问不仅要懂得什么是该问的，而且要选择合适的询问时机。

合适的询问时机有以下几种。

◎ 人事心情好的时候。
◎ 刚推荐了新人选的时候。
◎ 人事手上没人来催人的时候。
◎ 人事就推荐人选给出反馈的时候。

3. 职位的进展信息

其实就是职位的进展情况，会在下一个问题中具体说明。

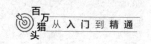

案例分享

曾经有一个客户的职位，部门领导是新上任的，HR 和我都不熟悉此人。送了三个合适的人选都反馈不考虑，但也不给理由。HR 对此也很苦恼。我根据过往经验，大胆猜测了一下，可能是有星座匹配问题，又送了一个人选，部门就考虑了。几经试探我总结出了一个可能：这位"新官"不考虑狮子座和处女座的人。后来 HR 在非正式场合，半开玩笑地询问了部门领导，得到了其微笑默认。

我们总是希望从 HR 那边拿到信息，但有些时候其实 HR 也是不知情的。我们需要对一些特殊情况有敏感度，这样才能帮助我们更好地结案。至于说 HR 不知道，就去问部门，我个人的看法是，如果关系没到位，信任没到位，部门往往也是不会直接告知的。

Q40 如何询问人事关于职位的进展情况？

很多猎头顾问存在的误区是，如果自己没有给人事推荐人选，就不敢主动联系人事。更有甚者，因为害怕人事联系自己，所以想方设法回避与人事的沟通，连例行的邮件也懒得写。其实，这样做不仅无益于推进职位的进展，而且也无益于和人事建立起战略伙伴关系。

在自己有推荐人选的时候，自然要找人事询问反馈；而在自己没有推荐人选的时候呢？其实更要找人事询问情况。我们不妨站在人事的角度设想以下两种情况。

情况一：如果猎头顾问不主动联系人事，不向其汇报工作，那么人事就不知道猎头顾问做了些什么、做过什么样的努力，他自然只会默认猎头顾问什么都没做，那么猎头顾问在人事心目中的印象会怎么样呢？就是一个不干活的猎头顾问。

情况二：如果猎头顾问在送人的时候才联系人事，不送人的时候不会联系人事，那么在人事的心目中，这会是一个喜欢挑单子的猎头顾问，甚至就是位没能力的猎头顾问。人事会认为，只要职位有点难度，这位猎头顾问就玩消失了，那还怎么合作？甚至有人事会想，如果职位都很简单，那还要你们猎头顾问干吗？

不管是上述哪种情况，猎头顾问给人事留下了什么印象，只要长此以往下去，试问人事还会信任猎头顾问吗？还会给猎头顾问单子做吗？

1. 在自己有推荐人选的时候

在这种时候需要向人事沟通以下情况。

◎ 客户公司自己推荐的人选的评价。

◎ 自己推荐的人选是否有面试的机会。

◎ 具体的面试安排。

◎ 具体的面试反馈。

◎ 自己推荐的人选的动态汇报、情况更新（动机、薪资、其他选择等）。

◎ 线上是否有其他人选、有几个。若猎头顾问和人事关系不错，甚至可以进一步询问是哪家送的。

◎ 线上其他人选的背景、目前所处的阶段如何？同样地，若和人事关系不错，猎头顾问可以询问。

◎ 对于重新访寻新人有什么指导建议、意见。

◎ 职位要求有什么变化。

◎ 职位信息有什么更新。

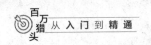

◎ 自己访寻过程中遇到的困难、困惑、情报等,如目标人选普遍反映薪资太低了、复合型的人少、竞争对手也在招聘这个方向的人等。

2. 没有推荐人选的时候

在这种时候需要与人事沟通以下情况。

◎ 自己访寻的进展,包括访寻了多少公司、多少目标人选。

◎ 在访寻过程中,自己遇到了哪些具体困难,存在什么困惑。这样就可以让人事理解,你为什么还没送出人选来。

◎ 对于访寻人才有什么指导建议、意见。

◎ 职位要求有什么变化。

◎ 职位信息有什么更新。

◎ 线上是否有其他人选?即探人事的口风:现阶段是否还需要新人?如果还需要,就说明这个职位真的很难,其他家也没有送出来或还远没有到关键的步骤;如果不需要了,那么一方面猎头顾问需要自我检讨。另一方面如果和人事关系好的话,就可以打听下是哪家送的人。送的人是哪家公司或是什么背景的?这样,下次就可以有所借鉴了。

◎ 线上其他人选目前所处的阶段。这类问题一般是用来应对口风比较紧的人事。了解这类信息后,猎头顾问就可以自己判断:现阶段是否还需要继续找人。

3. 询问的基本策略

拿到职位后,不管有无人选推荐,每周至少和人事联系一次,可以是固定时间,也可以是随机,依人事偏好而定。如果有人选推荐,则不仅要在推荐当天及时告知,而且要在推荐的次日,或者根据经验所知的反馈周期进一步询问反馈,总之必须步步紧跟。至于询问的方式是打电话、发邮件还是发微信信息等,依人事偏好而定。而询问的时间段,更需要依人事的偏好而定：千万不要在人事午睡的时候去询问，否则光"起床气"就足够让猎头顾问郁闷一阵子了。换句话说，不能让人事觉得你打扰到他了，扰乱了他正常的工作节奏。

虽然自身作息非常有规律、做事讲究条理次序的人事当然是有的，但总归是少数。因此有的猎头顾问就会很困惑：为什么总是摸不着规律呢？如果猎头顾问心眼比较大、思维比较简单，就会傻傻地、直截了当地询问人事的偏好、作息规律。殊不知，许多人事有着"少女心""公主心"，对她们而言，猎头顾问这样的方式太男性化作风了，她们更希望猎头顾问自己平时细心留意、自行摸索总结，更何况她们的偏好，或者说一些倾向性也是一直在变化的。

总之，不管自己有无人选送出、有无人选在线上"活着"，都要主动积极地跟进人事、询问情况，保证自己对职位的进展始终了如指掌，保证人事对自己的印象至少是，"积极主动地在做事的猎头顾问"，最好能让人事认为你是"不管是什么样的职位，都可以放心地交给他做的猎头顾问"。

案例分享

一次，珍妮姐群里有个猎头顾问很苦恼，她表示不管自己怎么问 HR 要职位的反馈，HR 就是不给，"架子"大得很。她的问题抛出来以后，很多群友纷纷表示也遇到过这样的问题。

我问她："你一般都是怎么问反馈的？"

她说："因为平时很多沟通都是在微信上做的，所以一般都是微信问一句某某有反馈了没有。HR 一般都不回复，都是打算安排面试了才说。"

我问："那么没有被安排面试的人，你会追问 HR 吗？"

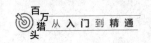

她说:"有时候会,有时候自己也觉得人选不是很好就不问了。"

我说:"那你有没有尝试过打电话问反馈?电话是最即时的工具了。如果 HR 说忙,那也可以另约时间。更好的做法是约固定时间做沟通。当然,怎么操作还是要看 HR 的偏好。但是,如果你用一个渠道觉得效果不好,就应该尝试换换渠道,何况人选反馈情况对我们来说是很重要的信息。另外,合作职位多的话,完全可以做个职位人选进展表格发给 HR。方便你们就人选进行沟通,也不容易发生遗漏,还能显出你的专业。"

后来,这位顾问反馈给我说,她尝试了下先发送表格,然后电话询问,效果不错。

换位思考下,往往 HR 手上的职位数量会远多于猎头顾问,又合作多家猎头顾问,大家都是一个个人来问,难免会有遗漏。很多时候,HR 不给猎头顾问反馈,往往是因为其自身太忙了。而我们自己跟进的方法、手段又不够高效、便捷,结果就造成了"人事架子大"的假象。

Q41 人事给出的职位信息少、职位推进慢,我该怎么办?

判断问题出自职位本身还是人际关系,特别要排除因为自己和人事关系不佳,造成当前尴尬局面的可能。如果是出于人际关系,那么需要做的就是改善关系。如果不是的话,就需要找到其他的信息源、推动者。这里所说的信息源、推动者,既可以是上级人事,如招聘主管、HR BP,

也可以是内部人员,如部门主管、部门同事等。

尽快联系能够询问人事信息,对职位推进能够产生助力的人,可能是人事的上级,可能是用人部门。同时,保持和对接人事的联系,不能让对接人事觉得被忽视、被绕过。

总之,不管是哪方,都要让人事觉得猎头顾问的目的是唯一的、单纯的:希望大家一起努力让职位尽快有结果。

案例分享

珍妮姐曾经合作过的一个 HR,职位进展情况反馈一贯都是比较及时的,但后来却明显反常。于是,我猜测 HR 自己可能要发生变动。但考虑到这个变化可能她的老板还不知道,同事也不知道,不是太方便直接询问,也就只能按兵不动。果然一周之后,HR 自己主动找我说,她刚提出辞职,准备移民。手上的职位现在起就会陆续转移给她的同事。

询问信息的途径无非是问甲不行,转问乙。但是,总有些特殊情况的存在,以上便是一种。

Q42 认识职位需求部门的领导,是否可以绕开人事,直接获取职位信息,推进职位进展?

1. 认识是好事

如果认识部门领导,那么因为获取第一手的信息就有了可能,所以某些情况下是一个很不错的主意。但前提是你得保证一点:部门领导愿意

让你获得知情权。这不仅取决于你和领导本身的私人关系：如亲密程度、他对你的认可度、双方的充分信赖感，还取决于该领导处理公务的做事风格。

从私人关系来讲，如果在该领导的心中，对某位猎头顾问并没有非常高的认可度、信赖感，那么他自然有理由担心：让这个猎头顾问知道太多内幕并不妥当。况且，一旦让人事知道了他私下和猎头顾问打交道，就有可能对该领导其在内部的声誉、与其他部门的关系造成不好的影响。

从公事公办的角度来说，总是有些领导比较谨小慎微，风格偏于严肃刻板，面对一丁点儿事都会顾虑重重。即使你和他们私交再好，如你不仅把他推荐到了目前的高薪岗位，还经常聚餐、唱歌，也不代表他会对你无话不说。因为他会觉得，既然是招聘方面的事情，猎头顾问就应该向人事了解情况，而不是找他沟通。这既不符合公开的流程，也不符合他心中既定的"规矩"。所以，无论在什么情况下，除非部门领导就是你家亲戚，否则都不要因为认识就沾沾自喜、贸然行事。

2. 不能绕开人事

行走江湖，猎头顾问要始终记得：合作根基在其人事部门。因为无论是什么性质的合作，最直接的合作对象都是人事部门，所以即使人事部门比较弱势，在其公司内部没什么话语权，不能在职位推动上给你有力的帮助，猎头顾问也不能因此就怠慢了人事部门。即使是客户公司的老总钦点的、在业内数一数二的猎头公司，猎头顾问也属于上面有人关照，必要时有能够拍板的人，那也不能因此无视人事部门。因为在具体的合作过程中、职位流程上，与你对接的是人事部门，你若不顾及他们的感受，就别怪他们明里对你好言好语地招待，暗里却给你变着法子地使绊子。也就是说，询问部门的问题一定也要询问人事，该走的流程都要走到位。

3. 共享信息给人事

建议的方法如下。

◎ 把可靠的信息说得不那么可靠。这样做的好处是，信不信取决于人事自己的判断，不管人事的判断准不准、会不会去询问部门，最终的结果都是人事得出的，而不是由你给出的答案。

◎ 把明知的信息以提问的方式说出去，这样做的好处是勾起人事的好奇心、求知欲，让其自己去询问部门。有的时候人事或许因为忙，或许因为"懒"，根本就没有想过要去和部门沟通，自然就获取不到关于职位的一些关键信息了。一旦此后人事能够问到的话，他自然就会觉得这是自己的功劳，不管多少，通常也会乐于分享给猎头顾问。借此机会，猎头顾问也可以再次确认拿到信息的准确性。

以上两种做法的好处还在于，如果拿到的信息有误，那么猎头顾问不至于摊上"误导人事"的罪名。

如果成功地将信息共享给人事，不但会让他觉得你对其毫无保留、充分信赖，产生"××人蛮好的，什么消息都会想到告诉我，和他合作倒是蛮开心的"感觉，逐渐就会演变成"××是自己人"的潜意识；而且由于人事在你的启发下获得了信息，有效的信息必然会有利于人事工作的开展，他也就自然会更加看重你、依赖你，产生"××到底是资深猎头顾问，想问题全面、办事靠谱，有什么职位，我看还是先拿给他做好了，有些事，我或许可以找他商量商量"的想法。

至于信息源是部门或是其他地方，建议不要告诉人事，至少不要一五一十地告诉人事。如果人事问起，要表明你是意外获知，而非蓄谋获取。这样做，一方面，可以显示你强大的人脉，你为人的可靠；另一方面，可以避免造成人事的失落感，甚至嫉妒感：我堂堂一个内部的人事，在公司也算有头有脸的人物，怎么还不如一个外部的猎头顾问？那些部门凭什么和猎头顾问关系这么好，给到的有效信息这么多？万一人事不满的情绪产生了，这个职位就会多多少少有些麻烦。

案例分享

很多有经验的猎头顾问都会如此操作：如果他认识部门，且关系还不错，有人选就会先给部门看一下，部门觉得合适，再发给人事。有的公司内部操作本来也是如此：人事把人选先发给部门，部门有兴趣面试，人事才会先面试第一轮。

有一次，珍妮姐替一个客户公司的市场总监找了个经理。事后，HR 问我："这个经理的背景并不怎么对口，你怎么会想到送他的？"我回复 HR："正是因为对口的人都没看上，所以我才想找找看相关的。"HR 笑着说："你就别瞒我了，你认识我们总监吧。肯定是他给你指了明路。不会人都是他给你的吧？"我赶紧严肃认真地说："方向上的确给了我点启发，但是人可真是我自己找的。这不也是实在没办法，才想着问问看老板的意思嘛。"HR 说："你想哪儿去了。你们认识很正常啊，你非说不认识，我倒要奇怪了。对我们来说，只要职位能进来人，流程都按正常的走，就没问题。"

说实话，当时还是有点紧张的，就怕 HR 说："你不会把我们总监挖走吧。"毕竟，不是每个 HR 都能那么通情达理的。所以，千万不要因为认识部门领导就和 HR 显摆，甚至绕过 HR 去沟通。

Q43 为什么必须向人事营销我的候选人？

我们都知道，因为职位要求是死的，推荐的候选人是活的，人岗是不可能完全匹配的，更不用说在职位要求以外，部门还有各种别的期待了。所以，大多数情况下，猎头顾问好不容易找到几个候选人，都只能凑合着送到人事那里再说。那么是否只有送接近满分的候选人，才可能最终拿到 Offer 呢？事实上，很多时候并非如此。候选人能否拿到 Offer，一要看"大门"是否能进，即候选人是否达到了市场上同类人才的总体水平；二要看"小门"是否能进，即候选人能否达到参与职位竞争的人才的平均水平；三要看是否和部门气场相合，也就是说，最关键的是部门的主观评判。

换句话说，一位候选人最终拿到了 Offer，回头来看，当初他既可能是接近满分的人，也可能是刚刚达到及格分的人。当然，实际情况是相对低分的人总是更费周折一些，连拿到面试机会都非常不容易。因为人事出于自保免责的考虑，通常都遵循"宁缺毋滥"的原则。如果人选在面试中评分已经低了，那么人事绝不会将其推荐给部门面试。在一些大的企业，因为人事的时间很紧张，所以甚至会出现凭简历就"枪毙"候选人的情况，即人事明明还没有面试过候选人，便按照自定义的标准，给了简历较低的评分，就判断候选人不能满足期望，要求猎头顾问重新送人。

不可否认，有些猎头顾问送的人选实在是太糟糕了，人事拒绝面试，直接"毙掉"是情有可原的。但是，的确有些人事在人才筛选上过于严苛，总是嫌猎头顾问送出的人选分数太低，奢望能拿到评分更高的人选。

即使迫于时间压力,这位人事勉为其难地组织了一场面试,带着几个人选过了过场,但因为他从一开始就没看中他们,所以通常也不会愿意"矮个里挑高个"。于是,始终没有人选被推荐给部门,职位也就一直空缺着。不过需要提醒的是,猎头顾问都不要因此埋怨人事,一则从客户心理的角度来说,使用猎头顾问这一高成本的渠道,内心期望值高是理所当然的;二则好的猎头顾问与一般的猎头顾问收入差距这么大,就是因为前者能够以最快的速度、最意想不到的方式,挑选出最符合职位要求的人选。这就是"百万猎头"的价值所在。

虽然人事有很大的权利,但这并不意味着猎头顾问不能有自己的想法,不能为自己推荐的人选做辩解,不能向人事做人选营销。因为,好的猎头顾问不但能把握客户公司的真实需求,而且能将其期望值降低到合理的范围内。这本身也是猎头顾问价值的体现。在营销过程中,猎头顾问如果没有头绪,那么可以运用一条很实用的法则:人人皆有爱美之心,人人皆喜欢聪明人。在一个个人选看着都差不多的情况下,这两类人就比较容易胜出,哪怕这类人的简历评估分值并不高。如果猎头顾问忘记了"要求是死的,人是活的",一味按照所谓的客户公司的要求去推荐人,而没有变通性的话,那么业绩可想而知。相反,有的猎头顾问虽然入行时间不长,但就是因为把握住了"人皆有爱美之心""聪明人容易招人喜欢"的一般心理,业绩很快就超越了一些老同事。即使再忙,也不能放任客户公司"高不成、低不就"的心态,否则职位就很可能真的招不到人了,猎头顾问付出的艰辛努力也就得不到认可了。

请切记:猎头顾问有很大一部分职能是销售。既然是销售,就得练就"王婆卖瓜,自卖自夸"的本事。看看身边的"百万猎头",无一不是非常善于营销的人,他们不仅擅长营销自己推荐的候选人,而且善于营销自己对行业的看法、对职位的理解，乃至通过市场上的人选情况对客户公司产生一定的影响力，从而促使客户公司去调整自己的要求，并做出新的评判。

如果把人选推荐出去后就静候发落，那么人选"冤死"的概率不会低，这是对自己先前的劳动极度不负责任的表现。即使你已经取得了人事的充分信任，即只要是你送的人选，人事一定会面试，那也需要做说明（营销）。一方面，即使人事给了面试机会，候选人也可能在面试中因表现不佳而排名靠后，如果你不做营销，那候选人将完全没机会进到部门的复试。另一方面，人事给面试机会，可能只是给你面子，至于如何评估人选，如果不经过营销，那很难保证和你的看法一致。

有时候，不一致是会导致棋差一着，满盘皆输的。在此举个稍微复杂一些，但很真实的例子来说明。

你推送了甲、乙两个人选给人事：甲条件较优秀，但动机比较弱，外面还有 Offer 在面试；乙条件一般，但动机很强，恨不得明天拿到 Offer 就提辞职。在前期的面试中，甲靠丰富的经验很好地掩盖了自己较弱的动机。人事初步评估后，觉得你推荐的两个人都不错，都有希望拿到 Offer。因为部门喜欢一个个地看人，所以人事决定先推送更为优秀的甲给部门。结果甲的确得到了 Offer，但其很快拒绝了。此时你只好再联系乙，不管乙此时的状态是否发生变化，这个职位在流程上被耽搁已是既定的事实了，并且存在乙已经拿了别家 Offer 的可能。如果最终是"竹篮打水——一场空"的局面，你和人事只能从头开始。能否避免这样的情况出现呢？完全可以。

在人事面试后你就及时跟进，在认同其对两位候选人评价的同时，与其交流自己对于两位人选的动机的看法，并建议先推送乙给部门。如

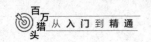

果人事执意要先送甲,那么你也可以尽力要求其向部门说明甲的动机可能较弱,从而尽快把乙也推送过去,这样万一甲拒绝,乙也可以马上被安排进面试流程。

总之,你必须告诉人事你对人选的评价和盘算,做到彼此有商有量。这样做除了能够增进感情外,更重要的是还能减少出错,最大限度地保证职位在可控的范围内。

案例分享

有家外资豪华车品牌的客户公司,曾经给出了一个颇有难度的职位:要找一个新能源车方向的项目经理。客户公司要求候选人不仅英语非常流利、懂技术,还要做过海外市场。我找到一个内资品牌的人,相对比较合适。送去给客户公司,客户公司一开始时是拒绝考虑这个人选的,因为他们从来不看内资品牌的人,而且不相信内资品牌会有英语好的人。但是,我没有打退堂鼓,而是把市场情况、人选情况都做了详细的说明,成功说服 HR 进行了电话面试。最终,这个人选拿到了 Offer,而且进去之后,工作得很顺利。两年后就晋升了,这对于一家非常传统的德资企业来说,晋升速度绝对称得上是特例。

Q44 如何向人事营销我的候选人?

先说个题外话,猎头顾问要根据客户公司的风格,选择送人的策略,即选择人海战术还是精兵战术。

如果客户公司总是要面试很多人选以后，才会决定 Offer 给谁，那么猎头顾问需要用人海战术送人。送的人最好是各有千秋，各有所长。即使客户公司同时用多家猎头公司在访寻该职位，也不能因为觉得自己送出的人最符合要求、是所谓的精兵，就不愿意多送人了。因为喜欢选择多的客户公司或部门，往往其需求的弹性很大，并非职位描述或人事描述的那样。

如果客户公司总是"非其人不面"，即只面试和职位要求非常贴近的人：有这样的人，哪怕只有一个也组织面试；没有这样的人，即使 Deadline（截止日期）要到了也坚决不面试，那么猎头顾问需要用精兵战术送人。送的人要尽可能地好，尽可能地贴近要求。当然，如果要减少变数，让最终 PK 的人选都掌握在自己的手中的话，那么猎头顾问还是要尽可能在高的标准下，送出尽可能多的精兵。对于宁缺毋滥、非优不看的客户公司或部门来说，想以次充好、单纯以量取胜是不可能的，其需求往往弹性很小，甚至是固化的，基本上就是职位描述或人事描述的那样。

1. 营销的因素

能够营销的因素有动机、教育背景、公司背景、工作职责、工作业绩、技能（外语、计算机等）、能力（沟通、协调、逻辑思维等）、风格、其他方面（如客户公司的特殊关注点）。

2. 营销单个人选

三明治法则：先说人选的强项 / 优点在哪里，再带过人选的弱项 / 不足 / 担忧，最后说为什么送该人选的考虑。

3. 无侧重地营销多个人选

强调难以取舍：如果一批人选是由两人到三人组成的话，那么要强调各有所长，各有优劣。如果在说明中，某个人选显得过于弱的话，人事很难不将其"毙掉"。要想让多个人选都通过，必须让人事感觉难以取舍，不如都接触看看。

4. 有侧重地营销多个人选

突出红花：正所谓"红花还需绿叶衬"，有的时候没有绿叶陪衬，红花也显不出红。也就是说，既然安排了陪衬的人选，其和想突出的人选之间的差距就必须拉开，否则是起不到陪衬的作用的。但差距也不能太大，太大就显得太假了，让客户公司觉得猎头顾问在怀疑他们的智商。在营销的时候，要先说绿叶后说红花，多说绿叶的短处，才能显出红花的长处。利用"先抑后扬"，人事容易觉得最后出场的红花是花，而且比想象的要红。

以上所谈的确都是老生常谈，但要真正做好并不容易。

案例分享

在Q43"案例分享"中提到的职位，珍妮姐是如何营销这个人选的呢？我重点突出了三点。

一是他的英语水平。这一点的确是惊艳到我的，可以说，绝对是一个例外情况。倒不是说他的英语水平多好，而是在他所在的细分市场里，汽车圈整体的英语水平里，他绝对可以算是优秀的。

二是他的技术水平。专业背景对口，做过1年多的技术，这一点虽然不能说技术实力强，但是参照有技术的人沟通不行，做项目，营销的人技术不行，他是两者兼得的还算比较不错的一个。

三是他的项目水平。这一点是从他的面试回答、模拟片段展现给HR的，体现了他解决问题的思路和说服人的能力。

基于这三点也是客户看重的三点，HR听完我的阐述，决定给个电面的机会。因为她也知道在当时这个岗位非常难找，而我不是那种夸海口的人。

Q45 如何在面试后,通过人事获得部门对候选人的真实反馈?

这其实是一个高难度的问题。因为要解决这个问题,首先,部门反馈给人事的信息必须是真实的;其次,人事要愿意把这个信息传递给猎头顾问;最后,猎头顾问还必须判断得到信息的真实性,而这是有很大难度的。无论怎么看,这似乎是不可能完成的任务。

除非人事将部门的反馈信息转发给猎头顾问看,但会这样做的人事极少。一来是因为部门比较"懒",能写出言辞灼灼的评价语的真不多;二来是因为人事比较"藏",觉得没有必要让猎头顾问什么都知道。特别是有的人事吃过"大嘴巴"猎头顾问的亏,这样的猎头顾问自以为什么都知道,就给候选人各种误导,结果把事情弄得一团糟。于是,人事就会觉得,还是让猎头顾问什么都不知道比较好。

大部分人事都是口头传递信息的,三言两语就把猎头顾问打发了,甚至只会说"通过""没通过"。当猎头顾问询问没通过的原因时,有些人事会给些含混不清、模棱两可,或者主观性极强的评价;还有些人事会理直气壮地说:"部门也没说原因,没通过就是没通过。"总之,如果只是得到这样的反馈,那么一旦猎头顾问要开展下一步的访寻工作,就会产生深深的无助感。

但这事往往不能怪人事。大多数情况下,是由于部门"懒",才导致人事拿不到其反馈,或者拿不到"含金量"高的反馈。毕竟部门并没有受过如何面试、如何写面试评语的培训。更有甚者,对于否决一个候选人,就是随心所欲的,就是跟着感觉走,猎头顾问能指望这样的人给出什么客观评价吗?在这样的情况下,人事即使给出了所谓的部门反馈,其

可靠性又能有多高呢？参考性又会有多强呢？

所以，如果不能拿到部门白纸黑字写下的反馈，或者不能亲耳听到部门的反馈，而只能从人事那儿拿到"二手"的反馈的话，那么还是不要把反馈太当回事，更无须作为指导意见。

事实上，就算是部门亲手写的、亲口说的反馈，又会有多大的真实性呢？部门看中或看不中一个人，真正的原因只有其心里知道，未必是说出来的那些。例如，有的部门领导就是喜欢身材好的下属，这种理由说不出口吧？或者候选人因为穿了件冒牌货，不幸和面试官的奢侈品真货"撞衫"了，让面试官不高兴，被拒绝了，这也没办法写成理由吧？但即便如此，猎头顾问还是需要及时询问面试反馈的，因为这是流程中不可或缺的一环。

那么，是否面试反馈就没有一点参考价值了呢？那也未必。有价值的信息如下。

如果反馈都是些关于风格、性格、谈吐方面的主观评价，那么说明部门可能更看重软性素质。换句话说，该部门的面试可能更偏感性，如果反馈都是些业务因素、能力因素的匹配性评价，那么说明部门可能更看重硬性能力。换句话说，这类部门的面试可能更偏理性。尤其是对于能举得出实例，说明为什么对候选人这样评价的部门，猎头顾问再送人选时，就一定要更关注其硬性能力。

如果部门对好多人的反馈意见都差不多，集中在某一点或某几点，那么部门的判断很可能是有核心的关注点；反之，则没有。部门的判断很可能完全是因人而异的，没有所谓的核心关注点。例如，有核心关注点的反馈是"甲、乙、丙的编程能力都不强，对×××都不精通，但甲的动机强一点，甲送不送上去，我再考虑一下吧"。而没有核心关注点的反馈则是"甲的编程能力不强,乙的沟通能力不好,丙的动机看不出来,哪个都可以送上去,我再考虑一下吧"。或者直接说"这三个人我都不是很满意,你们再送送新人吧"。

如果部门的反馈中有明确的要求说明,那么部门应该很清楚自己的要求,而且有固定的评价标准;反之,部门则可能既说不太清楚自己的要求,具体判断时也没有固定标准,或者说,虽然部门说了某个要求,但因为只是其拒绝人选的借口,所以不能当真。明确的要求如"英语口语不够流利,没办法和老外争论,这样的人不要再送给我面试了";不明确的要求如"英语口语不行,说得不流利"。

当然,这些都只是推断,并未充分验证过。最后想提醒的一点是,不要只询问候选人没通过面试的原因,而忽略询问候选人通过面试的原因,有时候通过的原因反而更有价值。

想想看你是否遇到过这种情况:做某个职位时已经送了不少人,都被各种高大上的、言辞灼灼的理由给拒绝了。终于有个人选通过了部门的考查,问及原因,人事只轻描淡写地来了一句"部门就是喜欢,见了就喜欢"。这时你务必要追问下"为什么",只有知道了这个"为什么",你才能知道部门的评价体系是如何构建的,今后送人才能有的放矢。

案例分享

很多时候,并不是 HR 不愿意告诉合作的猎头顾问实情,而是 HR 也没有掌握实情,或者 HR 有"难言之隐":觉得一旦说出实情,就会让猎头顾问觉得部门不专业,从而有损公司形象。

我记得曾经有过一个职位,部门拒绝了一个各方面都很合适的人选,HR 给的反馈是部门只说了"不合适",她也问不出个所以然。

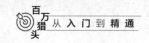

后来,在职位成功结案后,我再次问起 HR,这个人到底是因为什么原因被拒绝的。HR 说真心不知道,不过估计是私人原因。后来在找其他职位的时候,不知怎么聊起这个人选,才知道那个候选人和部门经理的太太曾经是室友,原来是部门经理的暗恋对象,结果部门经理被现在的太太倒追到手了。为了避免自己日后"犯错误",部门经理只好把这位优秀的候选人给拒了。当然,这事候选人自始至终都是不清楚的。

可见,很多时候现实比小说还要魔幻。要不是恰巧遇到一个知道内情的人,我想无论如何我是不可能知道这样的真相的。

Q46 如何让人事信服你对候选人的管控能力?

所谓对候选人的管控能力,即管理和控制能力,主要体现在两个因素上:动机和薪资。猎头顾问的价值有两大重要体现:第一是能把握、强化候选人真实的跳槽动机,第二是能把握真实的薪资需求,并使其尽量合理。

其实,要让人事信服一个猎头顾问对人才的管控能力,归根结底就是要让人事发现以下事情。

◎ 关于候选人的信息,自己获得的和猎头顾问告知的是一致的。

◎ 关于候选人的判断,自己所做的和猎头顾问所做的判断是没有很大出入的。

◎ 甚至在判断有差别的情况下,人事因为选择听取猎头顾问的建议、意见而做出了正确的决定。

长此以往，关于这个猎头顾问在候选人方面的管控能力，人事自然不可能不信服，也就习惯于依赖这个猎头顾问所给出的信息与判断了。

猎头顾问要做到这点，前提是能够取得候选人的充分信任，并且要有能力影响候选人。做到这两点之后，只需要及时通报人事、及时商议即可。当然，怎么把候选人关于动机或薪资的问题说好，才能既不给人事留下不良印象，又让人事引起足够的重视，并愿意接受猎头顾问提出的解决方案，还能为之努力，其中的尺度把握就全靠猎头顾问的拿捏了。

关于信任与影响力都是足够大的话题，有许多著作可以让你参考，也相信身边会有这样的人可以让你学习，个人体会如下。

◎ 信任来自不虚伪、不做作，竭尽所能地帮助和真心实意地交流。

◎ 影响力来自信任及知识和经验。

◎ 信任是枪的瞄准器，知识和经验是子弹，没有瞄准器，子弹再多也很难精确射击；没有子弹，瞄准器再先进也只能是空放。要达到精准地打击目标，两者缺一不可。

案例分享

记得曾经合作过一个很强势的 HR，对猎头顾问并不信任，喜欢凡事亲力亲为。当时有个职位的薪资谈判出现了僵局，其不得已要求我再去探下候选人的期望。而我将探明的期望告诉了她，也说明了如果达到这个数字，候选人一定会去；反之，基本没戏。当时 HR 的原话就是："不要争取下来了，还是不来啊！"言下之意是如果不来，那么我对你的信任就没有了，我只给你这一次机会。好在候选人按数字接了 Offer。至此之后，HR 的态度有所改变，后面几个职位在薪资谈判上都没有出现问题，HR 对我的信任大大增强。按其的话说就是:"Jenny 的话,我信。"

当时如果没有百分百的把握,我是不敢把话讲满口的。但是,谁敢说真的就能有百分百的把握呢?只不过,不承诺,不保证,对 HR 来说就等于没说,就等于我做的都是无用功。对于我来说,这是个抓住 HR 信任的机会,而我恰巧运气不错地抓住了。如果让我再选一次,我还是会这么做。因为,最差的结局不过是 HR 觉得我能力不行,如其他猎头顾问一样,不堪重用。但是,如果成功,那么我就可以化被动为主动,化不信任为信任。

Q47 面对人事"怎么没有人推荐给我"的质问,我该怎么办?

本问题不讨论如何提高访寻技巧。如果是因为猎头顾问访寻技巧不足,才造成了访寻不到合适的人选,从而无法做出推荐,那么面对人事的质问确实应该"面壁思过"。撇开访寻技巧,推荐不出符合客户公司预期的人选的原因通常有以下两点。

①对职位的理解出现偏差。
②客户公司对职位的要求有问题。

如果是原因①,即对职位的理解出现偏差,那么结果往往会表现为,推荐的候选人均被人事"毙"了或被部门"毙"了。如果是被人事"毙"了的话,那么猎头顾问应该和人事重新进行职位沟通,确认自己的理解出现了什么偏差,或者职位的要求发生了什么变化。同时,在人事质问"你怎么还没有人送给我"的时候,抓住机会探讨下职位需求。

如果是被部门"毙"了的话,那么猎头顾问应该引导人事重视这个职位,和部门就职位理解再做次沟通,最好是猎头顾问也能参加的三方沟通,这样才能知道部门的需求究竟是什么。如果发现部门并不清楚自己的需求是什么,那么必须想办法联合人事一起帮助部门梳理需求,并使需求合理化。

如果人事不做沟通,就会出现原因②,客户自己对职位的需求有问题。即虽然客户的要求是清楚明晰的,猎头顾问的理解也是准确无误的,但是市场上就是不存在客户想要的人,或者是根本没有这样的人存在,或者虽然有这样的人存在,但其对该职位不可能产生兴趣。

具体话术参考

- 这个职位,我送过的 x 个候选人都被您给拒绝了,我也一直没拿到确切的原因。您看,现在方便的话,我们花几分钟时间回顾一下?
- 您看能否安排部门一起,我们就这个职位深入探讨下?我们也可以把目前访寻下来的情况做个说明。

对于原因②,猎头顾问必须摆事实、讲道理,即拿出数据去和人事、部门做协商。换句话说,通过访寻报告、口头说明、开会讨论等形式说明市场实际情况,促使客户做出调整。调整方法通常可以是一"低"一"高":一种方法是要求客户降低对人才的期望,即放宽招聘职位的要求;另一种方法是要求客户提高给人才的待遇,即提高薪资或/和职务。当然,通常情况下,客户公司是不会轻易妥协并做出调整的。

当然,并不是说遇到这类情况,猎头顾问必须出报告来进行说明。

而是说，如果在三方会谈之后，效果甚微，我们还是希望对此职位有个交代并且可以出报告说明。

总之，猎头顾问能做的就是不管客户松不松口，调不调整方向和要求，都要坚持对话，创造对话的条件，并努力送人。因为如果职位匹配成功最终的情况无非两种：客户公司做出妥协，猎头顾问创造奇迹。

案例分享。

记得曾经有个制造业的案子，部门经理是老外，因为只知道国外对于技术人员的培养模式，所以就希望候选人既做过研发，又做过生产，并且要求两方面的背景都很强。拿到案子时我就觉得很棘手，毕竟在国内要做研发工程师，几乎都要求是重点院校的硕士甚至博士，而对于这样的人，企业怎么可能将其放到生产第一线，与工人一起翻三班呢？虽然因为机缘巧合，总会有这样的综合型人才，但数量是极少的，而且这些人无不位高权重，又怎么会应聘一个中层的岗位呢？可部门一直不肯放宽要求，导致这个职位成了老大难。我琢磨着既然部门经理是老外，很可能对国情不怎么了解，于是建议 HR 安排大家面谈，聊聊国内市场情况，顺便谈谈这个职位如何进展，也可以介绍其他职位的实际情况。HR 负责人说正有此意。

那次会谈的结果，自然是部门终于肯放宽要求了。其实，我们只是告诉了部门实情，即国内的市场情况、岗位分工和分布情况以及人才背景情况。当看到我们有数据、有简历时，部门的老外不得不信服。即使其依旧抱着捡漏的心态，但是最终松口，可以放宽条件面试看看。最终，我找了位在流水线上做过 1 年，后来去读了个书，学历提升后主要做研发、经验丰富的人选,顺利结案。

本来HR负责人也没指望我们能说动部门,只不过希望让部门看到自己和供应商没有怠慢他们,而是的确在积极努力地做他们的职位,不要给HR太多压力就好。没想到结果如此好。从此以后,HR负责人对我这边的服务一直都很满意。客观来说,好的开始是成功的一半,正是因为这个起头的印象好了,所以之后一系列的结果都好了。

· 本章小结 ·

在职位合作的过程中,猎头顾问通常对接客户公司的人事。本章主要讲述了如何在职位合作期间,管理好与人事的关系。

★ 人事管理:如何应对与人事有关的人际关系问题?包括人事的内部关系、猎头顾问与人事之间的关系。

★ 职位管理:在职位索要、职位信息确认、职位进展沟通、推荐报告反馈、面试反馈等各环节中可能遇到哪些问题?如何应对?

★ 部门管理:如何通过人事获取部门信息及职位反馈信息?

如何应对不同性格的人事?

扫描二维码查看问题答案

CHAPTER 10

第 10 章
管理部门：招聘方？求职方？

Q48 部门领导包括哪些人？

领导就是上司。只要是猎头顾问负责的职位所需到岗的人才，其上司就属于这个范畴。从直线经理到部门负责人，再到公司负责人，一条汇报线上的人都在这个范畴内。

针对外资客户，猎头顾问通常可以"往楼上看"，把重点放在职位的直线经理身上，最多再顾及一下经理的经理。针对民企、国企客户，猎头顾问通常则需要"往天上看"，把重点放在客户公司的高管身上。

Q49 为什么要认识招聘职位的部门领导？

1. 更好地了解职位的需求

如果猎头顾问能顺着汇报线挖掘人脉、认识职位的未来领导，那么就能拿到真实、有效、全面的职位需求。要招聘一个什么样的人，没有谁比这个人的直线经理更清楚了。

2. 更好地推动职位进展

很多时候没有进展或进展不顺，要么是因为不了解用人部门的真实需求，要么是因为职位的有些情况是 HR 也不清楚的。如果猎头顾问认识职位的未来汇报线，那么这些问题就迎刃而解了。

3. 扩大人脉圈子，获得更多信息和机会

职位的直线经理可以是其他职位的候选人。虽然出于职业道德，专业的猎头顾问是不会"吃窝边草"的，即去偷挖自己客户公司的员工，但这并不代表猎头顾问不能关心、了解他们跳槽的需求。如果他们是主动寻找上门的，那么猎头顾问可以也应该提供帮助。尤其是出现一些特殊情况的时候，如公司出现一些变故，导致直线经理不得不选择离开时，猎头顾问就可以出手了。

对于大多数猎头顾问而言，职位的直线经理、经理的经理都是不可多得的导师。他们大多具有丰富的人生阅历，在一个个具体的行业中，因为有经验的积累，所以对于现状会有开阔的视角，对于未来能有深刻的洞察力。这一切通常足够"碾压"资历较浅的猎头顾问。最关键的是，因为未来求职可能会与猎头顾问合作，所以即使你的级别再低、资历再浅，这些领导还是有可能愿意与你沟通的。如果能争取到他们的认可、信任

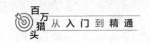

甚至可以交朋友,那么猎头顾问将节省许多用于行业调研的时间,快速获得第一手的、有价值的行业信息,从而在 BD 中有更多的机会。

Q50 如何认识招聘职位的部门领导?

既然猎头顾问都知道:只要认识了招聘职位的部门领导就会益处多多,那么接下来的问题就是如何认识了,认识的渠道有以下三类。

1. 陌生寻访

用陌生电话(Cold Call)以及领英、猎聘、脉脉等职场社交平台去主动访寻部门领导。

◎ 优点:不用他人帮助,直接锁定目标。

◎ 缺点:对部门领导来说,访寻者是陌生人,很难迅速地建立起信任。

◎ 难点:未必能找到足够的信息联系上目标。

2. 人脉转介绍

猎头顾问可以通过自己在业内积累的人脉,通过已经认识的该公司的员工、前员工或部门领导的原下属、原平级、原领导,甚至是同学、朋友、校友等人脉渠道要到联系方式。

◎ 优点:快速高效,且很可能建立起初步的信任感。

◎ 缺点:局限性大,需要恰好有认识目标的人脉,或者至少有足够的人脉基数供猎头顾问周转打听。

◎ 难点:人脉未必愿意做转介绍,未必愿意直接给联系方式。

3. 人事引荐

只要人事肯引荐，猎头顾问就能结识招聘职位的部门领导。

◎ 优点：直接高效，且很可能建立起初步的信任感。

◎ 缺点：后续接触过程中，如果处理不得当，可能会得罪人事。

◎ 难点：人事往往不愿意猎头顾问认识部门领导，与部门领导有太多的交流。

每种方法各有利弊，猎头顾问需要根据具体的情况来辨别和选用。这些情况包括自身的、客户的和环境的，一定要具体情况具体分析。

Q51 如何让HR引荐部门领导？

回答这个问题之前，需要先回答的问题是，HR为什么不愿意引荐。常见原因如下。

◎ HR担心猎头顾问不专业，引起部门领导的不满。

◎ HR担心猎头顾问干扰部门领导的正常工作，引起部门领导的不满。

◎ HR担心猎头顾问绕开他与部门领导沟通，导致他开展工作被动。

◎ HR担心猎头顾问暗自挖墙脚，怂恿部门领导跳槽。

◎ HR担心猎头顾问与部门领导"不谈正事"，获得太多与职位无关的信息。

◎ HR担心猎头顾问从部门领导那里获得职位的负面信息。

◎ HR自己与部门领导的关系不好。

◎ HR 在部门领导面前没有影响力。

猎头顾问想要 HR 引荐部门领导，就必须打消 HR 的顾虑。换句话说，必须取得 HR 的信任。取得 HR 的信任并非一朝一夕可以做到，而是要靠猎头顾问自己日积月累的一言一行。HR 对猎头顾问有多少的信任感，多大的认可度是靠猎头顾问自己做出来的。也就是常说的，功夫在平时。

如果想做"百万猎头"，那么在服务任何一个客户时，从合作的第一个职位开始，猎头顾问就要在每一个步骤中都设计一些方法，让 HR 感受猎头顾问的专业素养和人品素质。如果 HR 信任猎头顾问，但是没有给猎头顾问引荐部门领导，那么最大的原因就是 HR 自身存在问题，正如前面所提到的那样。

其实，只要猎头顾问和 HR 之间有基本的信任，并且无论与部门领导沟通什么内容，猎头顾问都会向 HR 报备，那么 HR 通常还是乐意为猎头顾问引荐部门领导的。正常情况下，大家的目标是一致的，即尽快招聘到适合职位的人。

案例分享

前文中说到的那个研发的职位匹配成功以后，每当再有合作时，HR 都会为我们引荐各个职位的部门经理，并允许我们向其抄送报告。换句话说，HR 已经完成了牵线工作。而我除了必要的反馈、跟进和想法沟通外，也没有过多地去"骚扰"这些部门经理。后来，我不做猎头顾问了，他们有人想跳槽，还会联系我，让我帮忙做其参谋。

Q52 如何与部门领导保持长期的动态联系？

前文说了，如果能认识部门领导，那么对猎头顾问来说至少有三大益处。但获得益处是有前提的：必须取得部门领导的信任，并且能维护好这份信任。这就需要彼此保持长期的动态联系。那么，要怎样做才能实现这一目标呢？

1. 业务能力过关

能高效地替部门招聘到合适的人、满足部门对于职位的需求，便是建立起信任的基础。

2. 人品素质过关

诚实是最重要的。知之为知之，不知为不知，是知也。猎头顾问能够解决的问题有哪些，知道的情况有哪些，既不要隐瞒也不要夸大，更不要欺骗。

幽默感会拉近彼此的距离。没有人不喜欢能带来欢笑的人，如果猎头顾问说话幽默风趣，那么尽可能保持这个美好的品质。这既能给人带来愉悦，又能增加个人的辨识度，何乐而不为？

丰富的知识面和开阔的视野会让人记住。部门领导、高层领导往往都是自身阅历丰富的人，完全不亚于猎头顾问，甚至远远高于猎头顾问。俗话说物以类聚，人以群分，精英自然喜欢和精英打交道。如果猎头顾问如井底之蛙，两耳不闻窗外事，一心只知做职位，那么领导自然会觉得没有什么共同话题。所以，猎头顾问需要不断学习，丰富自己的知识，开阔自己的视野，这样才能有更多交流的可能，更容易保持长期的互动联系。

生活化一些不是坏事。部门领导也是人，也有自己的兴趣爱好、家庭和生活。在职场话题以外，也并非不能尝试聊聊生活话题。当然，这样做是有前提的。前提是与部门领导已经是熟人了，知道聊这些话题不会触犯到他，或者他主动挑起了这样的话题。

功利心不要太重。虽然说，我们之所以要去结识部门领导，出发点是为了我们的工作，即更好地完成职位，获得更多的职位机会等。但是，人都是感性的，待人之道贵在以心换心。如果太过功利，太在乎得失，那么也不可能做到保持长期的联系。对于一些年轻的猎头顾问来说，还可能错失为自己寻找职场导师的机会。

如今，可以用于维护关系的工具有很多，关键还是以什么样的心态去维护，能坚持多久。不管是与候选人、HR维护关系还是与部门领导、企业高层等任何角色维护关系，这点都是一样的。

案例分享

我做猎头的时候，有个习惯是发周末邮件。里面有职位速递，也有心得分享、好书推荐等。很多人是因为周末邮件而记住我的，毕竟早些年还没有微信。就在最近，我在"领英"上收到消息，是某设计公司的技术负责人发来的，想确认我是否是当年每周周末发邮件的那个Jenny，说很喜欢看我的邮件，而他找我是想谈新的合作。

· 本章小结 ·

用人部门是职位的直接需求方，也是猎头顾问的真正客户。本章即讲述了猎头顾问如何建立、维护好与部门领导的关系。

★ 有哪些认识部门领导的渠道?

★ 如何让 HR 把你引荐给部门领导?

★ 如何与部门领导保持动态的、长期的良好联系?

如果部门领导不希望与猎头顾问过多接触,那么猎头顾问应该怎么办?

扫描二维码查看问题答案

CHAPTER 11

第 11 章
管理高层：要"巴结"吧？怎么"巴结"？

Q53 企业高层包括哪些人？

企业高层包括公司总裁、副总裁、C"X"O（指代各类首席××官）、总经理、副总经理及公司所有者（创始人、董事长）。简单来说，就是掌握了企业和企业员工命运的一群人，是处于公司金字塔尖端的人。因此，猎头顾问如果能够认识、了解企业高层，就有可能知道他们的用人招人理念，能够更好地服务企业。

Q54 不认识企业高层，如何了解用人理念？

我们都清楚，要认识企业高层，绝不是轻而易举能做到的。但好在即使不认识企业高层，我们也有可能知道他们的用人理念和偏好。

我们可以从人事和招聘部门那儿去了解，从他们的行事作风去揣测。每个企业都有自己的文化，会潜移默化地影响其中的每位员工。只要在某家企业里干得久了，身上就难免会被打上这家企业的专属烙印。接触得多了，做猎头顾问久了，天生对人的敏感度高的，就会捕捉到这些信息。

至于捕捉得对不对，需要靠推荐的人才去检验。有时即使捕捉得对，结果也不是我们能控制的。例如，有的民企老板，用人要看人的面相，测人的八字，这样即使我们提前了解到了这方面的信息，也无法预测候选人的面试结果。

由此可知，除了通过企业高层了解用人理念外，猎头顾问做职位还可以找一些其他的辅助手段，但最终要接受事实的检验。

Q55 需要和企业高层建立联系吗？

前文说到，了解企业高层的用人理念不是必需的，只是猎头顾问做职位时的一个辅助手段。那么这是不是意味着，猎头顾问完全没有必要认识企业高层，与他们建立联系呢？当然不是。

认识企业高层并能与他们建立和保持联系，对猎头顾问的工作开展有百利而无一害。

1. 更利于 BD

猎头顾问的很大一部分职能是销售，而在众多的销售技巧中，无论提供的是商品还是服务，很重要的一条就是要找到有购买决策权的人，即有权决定是否采购的人。企业高层就是这样的人。即使有些采购决策

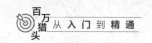

是下面的人就可以决定的，但如果能走"上层路线"，由高层将猎头顾问指定给相关负责人，从而自上而下地推动销售，那么一定会产生积极的效果，肯定能产生事半功倍的效果。

2. 带来更多的业务

如果猎头顾问成功地 BD 下该企业，并且出色地为他们提供了好的招聘服务，猎头顾问就有可能获得更多的招聘业务，原因至少有以下两点。

通过与企业高层深入交流，猎头顾问可以了解该企业的实际规划，进而分析其现有人才战略。如果该战略与企业规划不匹配，存在相当多的职位、职能的空白，那么猎头顾问就可以建议高层：除了内部培养以外，还可以使用招聘手段加速人才布局。一旦高层同意这样做，自然就会产生更多的招聘业务。

如果不仅能与企业高层充分沟通，而且可以提供实实在在的好的招聘服务，那么猎头顾问就会取得企业高层的信任。很多时候，圈子很小，更何况是做到金字塔尖端的高层人士，即使在不同企业，往往彼此间也都是朋友。这就意味着，一旦能取得一位高层"贵人"的认可，猎头顾问就有机会被引荐入高层的圈子，将业务拓展到高层的合作伙伴，或其朋友所在的公司，从而如滚雪球一般，不断拓展更多的新客户。

3. 更好地把握职位进展

无论在哪儿，大多数的情况下还是因人成事，高层作为战略的制定者，总是能知道更多。有了他们，即使职位进展停滞了，猎头顾问也不用着急，只要与高层沟通后，拿到及时和真实的反馈即可。毕竟有时只有站在全局的角度，猎头顾问才会清楚企业招聘人才的节奏，以及推送的人选与企业的匹配度究竟如何。

当然，即使认识企业高层，也不代表猎头顾问可以"高高在上"，不顾下面的实际操作者,只和高层对接。不管之前积累的关系到了什么程度,猎头顾问都不应该随心所欲地去联系企业高层。这层关系要用在"刀刃"上——只有在关键时刻,猎头顾问才值得动用手中的高层关系,通过他们的影响力去推动、促成企业招聘业务的开展。通常猎头顾问主要是与职位的所有者(用人部门)、职位的支持者(人事部门)保持紧密联系。除非某家公司的管理风格、流程体系等有特殊性,或者处于创业初期阶段,才可能出现需要猎头顾问频繁对接高层的情况。

Q56 如何与企业高层建立联系?

要结识、结交企业高层并不是容易的事情。如果猎头顾问过往经手的职位层级并不高,那么难度就更大了。因为,其人脉网络中高层人才本来就匮乏,难以支持转推荐的路径实现。

这时,许多猎头顾问会想到"以终为始",直接用 Cold Call、参加商务会议、活动,甚至用读 EMBA 的方式去认识企业高层。但是,对于没有背书的人,这些方式收效不会那么快。毕竟取得一个人的信任是很难的,尤其当对方明确感觉到了你的目的性时。普通人尚且不喜欢和功利心很重的人交朋友,更何况是阅人无数的高层。

相比较而言,"曲线救国"更容易成功些,即可以从高层的身边人开始找突破点。已经开展业务的企业,可以先与企业的人事高管、部门高管建立起良好的关系,然后由他们引荐给公司的高层。此外,还可以与高层的助理建立良好关系。助理既是替老板阻拦一切"闲杂人等"的人,

也是最了解老板行踪,可以给老板安排日程的人。所以,如果能够与助理成为朋友,取得助理的信任,那么借由助理的帮助,哪怕只是知道何时打电话可以打通,对于认识高层也是迈出了关键性的一步。

而最好的方式则是"志同道合",即通过共同的朋友介绍认识高层。与从商务合作关系走向私人关系相比,从私人关系走向商务合作关系显然容易得多。在非商务、非正式的较为宽松的社交场合,由共同的朋友引荐,是最容易与高层建立起关系的。如果能与高层有一样的兴趣爱好,那么见面时要建立关系就更加会事半功倍。如果猎头顾问本来没有这样的兴趣爱好,只要该爱好具有社交属性,那么猎头顾问都可以尝试先去培养这样的爱好。当然,对于像书法之类社交属性较弱的爱好,也不必刻意培养,只要了解一些,见面可以聊到一起去即可。如果暂时聊不到一起也不必着急,毕竟要达到私人朋友的关系,绝非只靠一朝一夕的功夫。

做生意先要认可你这个人,才可能有生意可以做。与业务能力相比,高层往往更看重猎头顾问的通用素质,即一个人的人品、修养、眼界等更高层次的因素。

大家想一想,发展得好的企业,知名大企业的高层哪个不是远见卓识,气度非凡呢?业余爱好往往也很丰富,个人修养学识也高人一筹。

所以说,想要和他们做朋友,就必须不断地提升自我,不断地学习,争取能和他们聊到一块儿去。

案例分享

有一种联系叫共同成长。曾经我遇到过一个非常优秀的候选人,不到30岁就年薪百万了。当时,我并没有合适的职位给到他,但我还是和他做了一次很详尽的沟通。后来,断断续续地有些联系,但并不紧密。现在，他创业了，从高级打工者变成了老板，公司已经拿到了 B 轮投资。此时，我已经不做猎头顾问了，他说如果我做猎头顾问，他肯定把职位放给我做。因为，这些年来记住的猎头顾问不多，而我是其中一个。

还有一个候选人在我联系他的时候，他就已经在考虑创业。后来他的确去创业了，如今我们还保持着联系，分享着各自了解的最新资讯，我还为他引荐过人脉。

总之，无论是企业高层、部门还是 HR，只要他觉得你值得信赖，就会成为你的朋友和助力，这样不管你做什么，都会比较容易成功。

·本章小结·

如果说用人部门就是猎头顾问的真正客户，那么企业高层就是猎头顾问的"衣食父母"了。本章讲述了猎头顾问如何建立、维护好与企业高层的关系。

★ 有哪些认识高层的渠道？

★ 如何与高层保持动态的、长期的良好联系？

如果想与高层对话，那么猎头顾问应该如何修炼内功？

扫描二维码查看问题答案

CHAPTER 12

第 12 章
赢得客户：为什么是你不是他？

Q57 BD的准备工作有哪些？

BD 一共有五方面的准备，如下图所示。

BD 的五大准备图

1. 心理准备

（1）相信自己

要相信自己能够拿下客户，能够促成交易。必须对自己有完全的信任，相信自己会成为且一定会成为一个 BD 高手，会成为行业内顶尖的人。

帮助自己建立自信的具体方法如下。

每天起床后对着自己大喊三声：我最棒。

在见客户之前，就生动地想象拜访过程：客户友好地对待自己，自己顺利地做完拜访。至于拜访的细节，越具体越好，具体到好像这个过程已经完成了，自己在回放影像一样。

在见客户之前，回想一下上一次的成功经历，并告诉自己今天也会成功。

完成 BD 的过程中有很多具体的事情，你可以选择先做自己擅长的部分，做擅长的事总是会比较有自信。而不擅长的事，做多了，慢慢提高了，也会变得擅长起来，就会变得更自信。

（2）不惧怕失败

很多时候我们没有信心的根源在于，曾经在类似的场合有过失败的惨痛经历，或者我们本来就非常害怕遭遇失败。但是，即使再伟大的销售人员，也不可能没有遭遇过失败，更不可能拿下所有的客户。

帮助自己不怕失败的具体方法：只需要记得客户拒绝的不是你，只是你的产品 / 服务。

（3）永不言弃

永不言弃就是要有勇气和毅力去坚持，就像找候选人一样，不达目的誓不罢休。

帮助自己永不言弃的具体方法：与概率做朋友。

凡事都存在概率。现代社会最迷人的地方在于，因为人、钱、物、信息处于快速而充分交互的网络中，所以你只要去做，哪怕是再小概率的事件都有可能成功。猎头顾问的主体职能是销售，具体是销售一种无

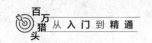

形产品：关于人才的咨询服务。那么销售无形产品成功的概率是多少呢？根据统计，一般是七分之一。所以，请与"七分之一"这个概率做朋友吧，你只需要记得，因为平均要拜访客户七次才会成功，所以，只要还没到七次，就不要放弃。更幸运的是，因为产品的特殊性，所以一般用不到七次，猎头顾问就能成功地 BD 一次。

2. 目标准备

如果目标太容易完成，那么你只可能在低水平上继续徘徊。但如果目标太难完成，那么你会很容易就放弃了。所以必须要设置可以完成的更高目标，即跳一跳可以摘到果子的目标。

具体来说，就是提高进入自己的舒适区的门槛。例如，本来是 1 个季度 BD 到 1 家新客户的，现在变成至少 BD 到两家（一般目标翻倍就好）。

向业内最高水准的人才看齐，以他们的目标或超越他们为自己的终极目标，然后根据自己目前的水平进行分阶段达成。就像举重一样，能成功举起，再加码。

3. 思维准备

摆脱突破老的思维模式对你的束缚。所谓"老的思维模式"，具体来说就是"不可能"思维和"穷人"思维，两者都会束缚人的行动。

大多数人在面对挑战的时候，总是先想到困难，久而久之就形成了"不可能"思维。做 BD 时，预先假设的就是这个客户不可能被拿下，这个点数客户不会接受等，在这样的潜意识下，你说 BD 还会成吗？好比带兵打仗，仗还没打，就觉得打不赢，那怎么行呢？

"穷人"思维就是觉得我们是去 BD，我们就低人一等，我们得看客户脸色，我们得求着客户。而且关键是客户都是有钱的人，我们是没钱的人。尤其对于新人来说，这样的潜意识会很强烈，这是典型的"穷人"

思维。就是我不如你，而不是我可以像你一样，甚至比你更好。如果见客户时能把自己当成是富人，以平静、自信、放松的状态对待，那么你就以最好的状态去面对可能的挑战，紧张感就会少一些。当你不再以弱者的心态面对客户的时候，你就成功了一半。

4. 行为准备

要想成功 BD，你就要在背后付出足够多的努力。

具体来说，就是不断地练习说话和预演演讲。

如何给客户打 BD Call（业务开拓电话）？与客户拜访时说什么？给客户演示时怎么说？都需要提前准备，而不能临场发挥。把要说的话写下来，一遍遍练习、修改、完善。把预计的客户的反应一一写下来，想好应对之词。所有的销售大师都会告诉你，要做好充分的准备，不要指望自己灵光乍现。这就是"台上一分钟，台下十年功"的道理。

5. 形象准备

为了成功 BD，你必须为自己打造"成功人士"的形象。

大公司的人都穿得光鲜亮丽，顶级销售人员也一样。你看到他们，就会在脑海中浮现"成功人士"四个字。所以，你要做的也是如此，让客户看到你的时候，脑海中也浮现这四个字。

你的服装、发式、配饰，从头到脚都要传递出这个信息。当你一身贵气、英气的时候，你的自信心也会增强。在你的自信心不够强大的时候，你的打扮就是你的武器之一。并不需要你买奢侈大牌，而是需要你衣柜中至少有面料考究、剪裁得体、适合你身材和气质的服饰装备，并且需要你保证：穿着见人的时候是干净整洁的。这方面书籍有很多，此处就不多说了。总之，在这方面是必须有所投资的。

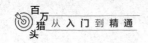

> **案例分享**
>
> 相比一些外资公司的猎头顾问总是衣着光鲜、打扮入时，我之前所在的北京科锐国际人力资源股份有限公司虽然也是大公司，但是对于员工的穿衣打扮方面没有太多要求。这直接导致市场上出现这样的说法：科锐国际公司的人都比较"土"。许多像我一样的猎头顾问，都自认比较"土"。但是，因为当时我服务的基本都是外资客户，所以无论是去拜访老客户还是去 BD 新客户，我都会对自己的衣着打扮格外注意。
>
> 有一次去北京见客户，见完客户后，客户在电梯间说："都说你们家的人土，我看你一点也不土。"我说："平时是挺土的，来见你们，必须不土啊。"客户大笑。
>
> BD 的准备工作仅分类就有 5 种，可见是极其不容易做好的。但是，其中衣着打扮是最容易做好的，却也是做不好时，最容易被发现的。

Q58 BD必备的技能是什么？

BD必备技能是提问和聆听，因为生意是谈出来的。谈就是沟通，沟通中大部分的时间是用于提问和回答的。

1. 提问

正确的问题才会带来正确的答案，正确的陈述才会带来正确的反馈。要想做出正确的判断，给出正确的信息，猎头顾问就需要学会提问和聆听。

销售工作不在于你怎么说,而在于客户怎么说;不是在于你说了什么,而是在于你听到了什么。

◎ 如何知道潜在客户是不是目标客户?

◎ 如何知道潜在客户买服务的真正需求?

◎ 如何知道潜在客户会不会买你的服务?

……

想了解这些,就需要你不仅会问客户问题,并且能真正听懂客户的回答。

提问时需要考虑的问题如下。

◎ 提问是否清晰、简洁?

◎ 潜在客户回答提问时是否需要思考?是否可以把他与你的服务的关系拉近?

◎ 潜在客户愿意尝试新东西吗?你的提问是否可以促使其评估新的信息或概念?

◎ 与你的竞争对手泛泛的提问相比,你的提问是否能让潜在客户觉得,这位猎头顾问掌握了更多的具体信息?

◎ 你的提问是否能让潜在客户产生积极的联想:回忆起过去的成功经历,特别是与你有关的经历?

◎ 你的提问是否能激发潜在客户,让其说出从未想到过的答案呢?

◎ 你的提问是否与潜在客户的目标直接相关?

◎ 当潜在客户问你时,你会反问回去吗?

◎ 你的提问能否让潜在客户提供有价值的且有利于你签单的信息?

◎ 你是否问出了有关最终签单的问题？

总之，每隔一段时间，要回顾上述各类问题。在每类问题中，结合当前合作的客户，至少想好两三个具体的"好"问题，这样当你BD时，就可以自如地提问了。

2. 聆听

听的层次分为三个"F"，如下图所示。

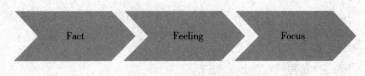

聆听的三个层次图

第一个F：Fact（事实）。这是大家最擅长的。事实，字面意思就是直接说出来的话是什么。

第二个F：Feeling（情绪）。这是有些人容易忽略的，因为情绪未必体现在语音、语调、语气中。一些人的情绪隐藏得很好。如果听不出情绪，那么我们往往会弄错意图，或者丢失一些重要的信息。

第三个F：Focus（意图）。这是比较有难度的。因为即使是同样的事，在不同的背景下说出来，要传递的意图可能完全不一样，所以就需要猎头顾问具有听出"言外之意"的功力。

听事实，会复述。即听完客户的话以后，围绕其核心的关注点，或有疑问的地方，用自己的话提纲挈领地重新表达一遍。还需要会听细节。很多时候，客户习惯于大段大段地讲话，但关键的话往往只有几句，越是重要的信息，越有可能藏在一些不起眼的地方，甚至在一闪而过的几个字中。

一般最后提到的往往是最重要的。

听情绪，会共情。把自己带入进去，表达出"你说的我都理解，包括你的情绪和感受"。我们需要注意到自己的情绪，并控制住自己的情绪。不要让自己的情绪阻挠了我们的聆听。如果我们发现自己和对方发生共鸣了，有共情了，那么我们也需要及时表达出来，反馈给对方，以拉近距离。

要避免双方都陷入情绪陷阱，导致话题偏离正确的方向，例如，一同谴责用人部门、老板。

 情绪可能不止一个，最后一个一定要抓住。

听意图，会追问。当你听不出对方的意图时，或者虽然对方表达了意图，但因为各种原因你不能确定是否理解时，那么就需要问。

听的注意点有以下两个。

第一，我们和客户的语言风格、非语言风格都可能存在不一致。

当和与自己类似的人在一起时，我们会觉得很放松，可以无话不说。在接触过几次某一类型的人以后，一旦再遇到同类型的人，我们也会觉得比较容易沟通。之所以会如此，就是因为有一致性。相应地，当不一致、不同类型人在我们面前时，要做到倾听就变得困难了。因为我们可能会以为对方要表达的A是B。还因为我们容易忽略对方的表达，原因是对方的表达方式和我们不同。例如，我们平时接触的都是说话风格很职业的，逻辑性、条理性很强的人，突然遇到一个说话风格很白话，甚至还会爆粗口的，表达特别意识流的人时，我们很难做到倾听。很多时候，我

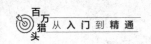

们难以拨开迷雾的表象，去听到我们应该听到的内容，一是因为本能的抵触情绪，二是因为专业技能水平不过关。这时，应该去提问，去挖掘信息。

由此可见，在聆听的时候，要时刻提醒自己，接纳自己和对方的不一样。只有反复提醒自己，才能避免下面的两类错误。

◎ 过多猜测，过度引申，没有做到"3F"。自己对听到的内容做了太多的艺术加工，替对方加了太多的内心戏，却独独忘记了认真倾听。把有的听没了，把没的听有了。

◎ 带着个人情绪、个人偏好。风格类似的人，倾听得好，反之则不好。别人说的都没听见，完全陷入自己的情绪，回头再以猜测的方式去理解别人说过的话。

第二，倾听必须专注于特定语境。

语境，即上下文是什么，此刻的情境是什么。

◎ 客户：你们的价格有点贵。

◎ 这话是在第一次通电话时说的吗？

◎ 这话是在第一次拜访做自我介绍前说的吗？

◎ 这话是在第一次拜访做自我介绍后说的吗？

不同的语境下，同样的话要表达的意图很可能是不同的，也应该是不同的。而我们要重视的就是，在对话的过程中要时刻注意上下文，并联系客户的一贯风格去理解。如果习惯于从自己内心在意的、关注的点去理解和解读客户的意思，那么几乎可以肯定会出问题：客户的意图会被你误读。

另外，还要学会判断：此次谈话在整个合作过程中处于什么阶段，是初次沟通还是后期沟通；这次谈话可能的前因后果有哪些；你们的关系是熟悉的还是陌生的。这些问题的答案不同，客户所处的语境也就不同,自然会表达出不同的情绪。如果没有想到这些,那么也会把情绪误读。

总之,提问需要提到点上;聆听需要听事实,听情绪,听意图。

案例分享

聆听客户的心声是非常重要的。例子不胜枚举。

客户说:"你们家是大公司,不缺客户吧。"——"在您的职位上,您是担心我们不会放足够的人手吗?"

客户说:"你们家是大公司,我们一直合作的都是小猎头公司。"——"您是在嫌弃我们的点数高吗?"

客户说:"你们是上海过来的吧。在我们这儿就没建办公室?"——"您是对异地服务担心吗?"

客户说:"怎么我想什么,你都知道?"——"没有,没有。只是猜测而已。如果没猜错,我就自问自答了。"

因为客户觉得你很厉害,又因为客户觉得你的解释能够让他满意,所以再磨合一下,这事情就成功了。

有些时候,客户的顾虑是直接体现在他的话语中的。即使没有提出问题,但其实已经问了。有些时候,客户的顾虑是体现在他的前言后语中的。所以,仔细聆听每一句话很重要。而聆听多了,经验丰富了,也就能猜个八九不离十了。

至于是不是需要自己把猜测提出来,那要看客户的风格了。如果客户自己会问,那就没必要提。如果客户的风格就是前面提到的那种"我不说明白",那么你就得提。提了不反感,就可以接着提。

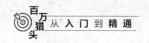

Q59 为什么需要你的猎头服务?

猎头的主要职能之一是销售。既然对于任何销售行为而言,根本目的都是把自己或公司的产品/服务给卖出去,那么猎头就必须回答一个关键问题:客户为什么要购买呢?

我们马上会想到的答案是客户有需求,有需求才会想要购买,然后才会去做选择,即考虑谁能满足他的需求。那么再想一想,客户的需求是否可以创造?答案是肯定的。

很多时候都是先有了产品、服务,才激发了人的需求。例如,有了电脑、手机后,这些才成了必需品。而在有这些产品之前,谁能想到有一天我们会离不开这些物品呢?

回到"客户为什么要购买"的核心问题,其实可以分为以下两个小问题。

1. 为什么需要猎头服务

◎ 客户发现其他渠道招聘不到人。(客户自己产生需求)

◎ 客户对现有猎头供应商不满意。(客户自己产生需求)

◎ 客户想招聘中高层职位,但此前不知道可以借助于猎头渠道,或者不了解猎头在招聘中具有更高效的优势。(客户不知道自己有需求)

有需求的,要确认清楚具体的需求是什么。只有满足核心需求才能拿下客户。

核心的需求就是"痛点"。招聘的常见"痛点"如下。

◎ 网络搜索和网投简历看不到好的人才。

◎ 在此基础上,不知道好的人才在哪里。

◎ 招聘速度太慢，跟不上业务发展的需求。

◎ 招聘到的人不能令业务部门满意。

◎ 知道要招聘人，但是不知道要招聘怎样的人。多出现在想拓展业务领域、建立新业务部门，或招聘高层管理者时。

客户虽然有这些需求，或者说有这些"痛点"，但是有的不知道有猎头渠道可以满足；有的虽然听说过，但从来没想到可以用猎头渠道去满足；还有的虽然已经用了猎头，无奈因为该供应商能力有限，所以还是无法满足。

要激发客户使用（新）猎头，需要扫除两大障碍：一是不信任带来的障碍；二是客户对于投入产出比的看法带来的障碍。在此，重点介绍第二个障碍。

商业社会是逐利的，既然客户都追求利益最大化，那么每位猎头顾问都要向客户证明使用猎头并不是高成本低收益的亏本买卖，而是低成本高收益的最佳选择。如何证明呢？不能从投入的绝对值来证明，因为猎头渠道一定是成本最高的招聘渠道。证明的方法之一是引导客户换一种思维模式，跳出短期的绝对成本，转而关注一定时间内的投入产出比。

从理论上讲，大家都会觉得我们会看投入产出比，但实际上我们都习惯看绝对成本。这就是客户不舍得花钱的真实原因，要引导客户，改变思维模式并不容易。这就引出一个思考：什么情况下，客户一定会舍得花钱？答案一定是这个招聘需求是刚需且这个职位的到岗已经刻不容缓。好比下半年要结婚了，上半年必须买房子。

也就是说，我们只有发现这样的需求，才可能说动没有用过猎头的客户，让其愿意尝试使用猎头。

2. 为什么需要你提供的猎头服务

我们能够满足客户的需求。这个"满足"有以下两层意思。

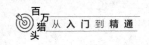

第一层：我们能够让客户相信我们能满足。即在谈判阶段取得客户的信任，客户愿意和我们合作。例如，没有使用猎头的客户，认可你所在的公司品牌、业内口碑而愿意和你合作。

第二层：我们实际已经满足了客户的需求。即在谈判阶段实际为客户解决了问题，可能是小考验，也可能就是实际需求，客户愿意和我们合作。例如，客户给你一个 trial 职位，只要你能做出来，就签合同。一些公司与新的猎头供应商签合同常用这种方法。

竞争对手不能满足的需求，我们能够满足。只能选择一家猎头作为供应商，这才是客户愿意选择我们的真正原因。这里需要梳理的问题是，客户需求到底有哪些？先思考两个问题：客户的需求一定是基于有待解决的问题吗？客户的需求一定是以解决问题为核心的吗？

第一个问题的答案是肯定的，但是第二个问题的答案却未必。怎么理解呢？客户都觉得自己的需求很简单，就是想找到能帮他招聘到人的猎头而已。但实际上，其需求绝对不止"招聘到人"这么简单，还要速度快，价格在自己可承受范围内，而且越低越好。如果说这些实际需求是客户说得明白的，那么还有些需求是客户根本说不明白的，如对目标人选的形象和思维品质的偏好，希望与什么风格的猎头合作等。

基于问题本身的需求往往是理性的、客观的，但是基于人的需求往往是感性的、主观的。换句话来说，客户是要解决问题，但是客户还希望解决问题的人是他所喜欢的。而他所喜欢的人未必是解决问题最得力的人。所以说，需求未必是以解决问题为唯一目的的。

每当需要签订供应商协议时，客户的最终决定往往会出人意料，如选择了一个价高而质未必优的供应商。从理性的角度来说，这样的选择很愚蠢。但是，事实上这样的选择却很普遍。撇开灰色地带（如回扣问题），客户之所以会这样选择，往往是因为其喜欢这家供应商的人，如果不喜欢，他早晚会更换供应商，毕竟市场信息的不对称不可能一直存在。人不可能完全理性，人的行为也就不可能完全经济，公司也就不可能不产生不必要的成本。对于这样的人性，好消息就是，如果我们解决问题的能力不够强，那么我们还可以寄希望于自己讨人喜欢；坏消息就是，如果我们不讨人喜欢，那么我们解决问题的能力再强也是没用的，或者说，没有我们以为的那么有用。

当然，客户未必是真的喜欢我们这个人，而只是喜欢我们所在的公司，或者是觉得我们公司的品牌配得上他们，从而获得一种情感的满足，或者说虚荣心的满足。大的猎头公司的价格总是更高一些，就是因为存在品牌溢价：其品牌能符合客户对于"身价"的要求。

至此可以总结：我们对客户需求的认知必须全面，绝对不能只停留在解决问题上，更不用说只停留在做事上面；一定要关注到问题以外的人的因素、做人的方面。

能够助力客户信任我们的因素，总结如下。

◎ 喜欢你（外形、说话、做事方式）。

◎ 觉得你能解决问题。

◎ 有能为你背书的人。

◎ 公司的品牌。

◎ 业内有口碑。

一言以蔽之，要解决这一问题，根本方法在于，发现其他竞争对手满足不了的客户需求，然后发挥我们的创造力来予以满足。这将使得客户信任我们，并愿意和我们合作。

案例分享

曾经有一个汽车行业的候选人联系我,说自己的朋友开了一家公司,最近在招聘上遇到了很大的困难。因为觉得之前与我的合作很愉快,所以他和我打个招呼,说会推荐这位朋友来找我。没过多久,他的朋友就与我电话联系了。如我所料,他们之前没有使用过猎头渠道,都是靠自己的人脉和网络简历进行招聘的。听说猎头渠道的招聘效率比较高,所以想咨询一下费用情况。于是我把费用介绍了一下,也说明了我们擅长做的领域。还询问了一下他们目前的职位需求情况,给了一些寻访的建议。最后,对方表示了感谢,说要考虑一下再回复。通完电话以后我就觉得,这家初创公司并不适合使用猎头渠道。果然,我没有等到对方主动回复。出于专业性的操作,我跟进了一下,他的回复无二。

对于潜在客户,虽然我们有义务说明猎头渠道费用高的原因,以及使用猎头渠道的优势,但是因为客户处于不同阶段,有的确实不适合使用猎头渠道,有的则受自身理念的局限,即使适合也不愿意尝试。而凡是理念和观念的问题,都不是凭我们猎头顾问用一腔热情、三言两语就可以改变的。我们要做的就是,选择适合自己的客户。反之,客户也一样。

Q60 我该如何给客户打电话?

客户包括潜在客户和已有客户。潜在客户也就是新客户,关键的一点就是第一通业务拓展电话该怎么打。如果打得不好，自然就没下文了；反之，一旦打得好，就有可能争取到拜访的机会，并最终拿下客户。

那么问题来了，有可能第一通 BD Call 就拿下客户吗？有可能，但是这个可能性是有非常多的前提条件的。具体如下。

条件一：客户本来就知晓你们公司，对你们有一定的认可度，甚至本来就有合作的意向。

条件二：你对客户目前的需求（痛点）把握得很准，并且成功地让客户相信你们能替他解决问题。

条件三：客户那天心情很好，沟通得很顺畅。

条件四：客户有决定权，无须再请示他的领导。

通常要满足以上四个条件，或者至少条件一或条件二及条件四满足，才可能在第一通电话后就拿到业务。换句话说，我们第一通 BD Call 的目的并不是拿下客户，而是争取和客户建立联系的机会。如果客户在同一座城市，那么或许可以约定一次会面或非正式的聚餐；如果客户在外地，那么或许可以预约一次深入沟通的电话时间。

之所以要面谈，除了第一通电话 BD 的成功率很低外，更重要的原因是只有见过面，大家坐下来花时间谈，才可能让双方有充分的认识、了解和判断。虽然是 BD 行为，但是选择权还是双向的。

第一通 BD 电话成功率低的原因主要是沟通时间一般不长，不足以让人做判断和产生足够的信任，或者接电话的人往往不具有决策权（除非一开始对于目标的锁定就非常的精确）。

既然第一通电话至关重要，关乎与客户建立联系，那么究竟需要怎样做呢？功夫在平时，凡事靠准备。七分准备，二分现场，一分运气。所以，关键在准备。

1. 电话前的准备

（1）准备素材

素材分两部分：一部分是客户方的，另一部分是己方的。素材准备得越多，越充分，不光是对电话沟通有效用，面谈的时候也会增加效用。一并准备是因为，有可能面谈的安排会紧随电话之后。

关于客户方的素材通常包括以下几个方面。

◎ 客户公司的基本情况，如历史、规模、分布、业务、最近新闻等。

◎ 客户公司的职位情况，如打探到的已开放的职位、即将开放的职位、各职位的近况、其他猎头供应商做的情况等。

◎ 客户公司的合同情况，这方面较难打探，如果能打探到，那自然是最好的。

关于自己方的素材通常包括以下几方面。

◎ 自我介绍，从公司、团队和自身等各个层面来介绍优势。

◎ 目标职能/职位的人选情况，需要准备好客户可能感兴趣的简历。

◎ 目标职能/职位的市场情况，一定要充分准备好最新的数据。

（2）准备话术

话术就是电话打过去具体要怎么说，包括自己的开场白怎么说，自我介绍怎么说，对于客户的问询怎么答，争取面谈机会怎么说。

就和面试一样，把常见问题都梳理好，事先都准备到位。写一遍，改两遍，练三遍。

（3）调整心情

如果说我们准备素材、话术需要事先用一两周，或者用一整天的时间，那么心情调整的时间就可以短很多，通常用通电话前的五分钟来调整心情就可以了。

所谓调整心情，就是让自己心情放松下来，充满自信地去打 BD Call。可以用的方法如下。

◎ 深呼吸：在打电话前，深呼吸三次。

◎ 微笑：对着手机镜头笑，笑到感觉自己信心爆棚。

◎ 积极的话语：如"我一定行的""客户会喜欢我的""尽力就好""我已经做了足够的准备了""这次不行，还有下次"等。

积极的想象／回忆：想象自己和客户聊得很好的场景，或者回忆上一次和客户聊得很好的场景。

2. 客户的 6 种拒绝反应

（1）客户说没空

> **具体话术参考**
>
> - "我只需占用您一分钟的时间。"
> - 一般来说，一分钟的话，不是太过冷血的人都会给的。我们需要做的就是在一分钟内抓住客户的心，这样才有后面的多个一分钟沟通。

如果客户还是拒绝了，那么再说："那您什么时间方便？我再打来。"

如果客户还是以很忙为由拒绝，那就不要强求了。挂完电话后，做好记录。再去打探一下客户的情况，如果没有特殊情况说明我们毫无希望，那么还是要换时间打电话过去的。

或许那天只是客户心情不好呢？当然，如果我们有更好的客户目标，那么这家公司可以放一放。

(2) 客户说不用猎头

> **具体话术参考**
>
> - "您目前有没有招了很久都没招聘到的职位?或许我能帮您解决。"
> - "据我了解有个×××职位,您这里已经招聘有段时间了,而我这里有合适的人选,不知道您会不会有兴趣?"

客户说不用猎头可能是真的不用,也可能是托词。但是,只要客户有招聘需求,就一定有招聘痛点。从痛点入手有可能让客户打开话匣子。如果有备而来,直接就有人才提供,通常来说,客户很难拒绝。即使客户仍然是拒绝的意思,其态度至少会缓和下来。这时我们就可以抓住机会,与客户深入沟通,从而挖掘出其拒绝我们的真实原因,例如,错过了一年一度的供应商筛选,没有预算等。然后再看如何解决。

(3) 客户说不增猎头

> **具体话术参考**
>
> "我们可以签职位by职位(按职位进行)的合同。再看明年你们供应商审查(Vendor Review)的时候,能不能加入备选名单(List)。你们审查(Review)一般在什么时候呢?"

要让客户的第一感受是我们想帮他们解决问题,而是不是想赚他们的钱。换句话说,客户表示没生意做,我们不能马上就说再见,这样会显得特别功利。就好像相亲时,一听对方没房没车,马上就说再见一样。正确的做法是让客户知道,我们是真心实意地想为他们服务,并且已经备好了方案供其选择。

说实话，除非特别严苛的公司，否则一般来说，所谓的 Vendor Review 也是借口。不过客户心里觉得，你们有什么本事呢？如果没本事帮我解决问题，那么多签一家，就是多增加我的工作负担。对我来说是没有利的事情，我为什么要做。但是，如果我们让他觉得自己是能受益的，那么情况就不同了。

（4）客户说先给几份简历看看

> 具体话术参考

"我们在几天内会给到几份简历。不过基于行规，姓名和联系方式是要隐去的。如果你们有兴趣，我们会再去联系简历人选，看看他有没有兴趣考虑你们的职位。我们可以从这个职位合作起，这都没问题。但是要说明的就是，一旦人选安排面试了，就需要签合同。"

客户想看看我们实际的业务能力，这也无可厚非。毕竟现在猎头公司太多了，鱼龙混杂。客户愿意提出要求，至少说明他们还是有合作意向的。只要不给候选人的姓名和联系方式，那么客户的这个要求就是可以答应的。

（5）客户说先做 trial 职位

> 具体话术参考

"这个领域是我们的强项，我们是有信心的。要做 Trail 职位没问题。虽然我们一般是不这么操作的，但是我们的确很有诚意与你们合作。但是，有些话必须说在前面：首先，我们的推荐报告是不会有姓名的，也没有联系方式；其次，如果要安排面试，我们双方就需要签合同。"

现在猎头公司也比较多了,因为选择余地大,所以有些客户遇到新的供应商时,通常就会用这样的方式设置门槛:先给你个高难度的职位,如职位要求高、报酬一般、时间又紧。如果你做得出来,那么对方再考虑与你签长期合同。这个操作不能说过分,只不过对于猎头来说存在一定风险,即有可能客户到时候毁了口头承诺,不与你签合同,或者不付钱。但是,这样操作的客户还是少的,也说明不值得合作。

一般来说,我们送的人选被告知要安排面试,我们就可以跟进签合同的事了。不签合同,流程就不再继续。虽然我们想要更多的客户,但也是要选择好的客户合作。没有诚信的人,千万不要合作。

在没有签合同保障的情况下,做这类职位的风险是很高的。因此,在 BD 阶段,我们还是要尽力争取,哪怕只是签职位 by 职位的合同也好过先做后签。

总之,除非是我们非常想拿下的客户,或者说整个行业中已经被 Trail 职位的操作给垄断了,否则尽可能不要答应做 Trail 职位。

猎头顾问在 BD 时要切记:千万不要因为无法答应客户提出的要求,就认为一定没有机会了,有时候客户也不过是试探。谈判本来就是博弈,就是你退我进的过程,其中会起起落落,最终 BD 的成功,是多种因素综合影响的结果。

(6)客户说最近很忙,没时间见

> 具体话术参考

- "那您什么时候比较有空?"
- "那我下个月再联系您。"

总之,让客户知道我们不会轻易放弃,我们会继续跟进的。但是,我们并不会强迫他必须马上和我们见面。

客户这个表态下其实有三种情况。

◎ 拒绝了。

◎ 最近的确忙。

◎ 需要内部商议讨论后再作决定。

不管是哪种情况，我们需要做的就是跟进。只要我们跟进，就会得到答案。

为了得到积极的答案，即不被客户直接拒绝，那么在最终回复之前，我们还需要坚持询问客户，从而在进一步了解其需求的基础上，看看有什么是自己可以做的。例如，给客户提供一些他感兴趣的资讯，不管是否与业务有关，只要能加深客户对我们的印象就好。当然，如果能引起客户对我们与我们的公司的兴趣，那就更好了。

即使最后 BD 不成功，不管是由于我们自身的因素，还是由于其他因素所致，只要能给客户留下好印象，将来就还有合作的机会。

案例分享

前面说的都是如何 BD 新客户，其实老客户也需要开展 BD。

我们公司之前服务过一家企业，最初是只负责他们销售公司的职位。而他们在国内是有研发中心的，但是职位一直不多，所以我们也就没有作为重点。后来，新能源车兴起研发风潮，他们的研发中心也要扩张。于是，我们猎头顾问就主动去联系了销售公司的 HR，销售公司的 HR 将我们介绍给了研发中心的 HR。于是，我们就去做了拜访。研发中心在得知我们在研发领域的积累情况和目前在做的相关案例后，很顺利地就与我们签了合同。

Q61 我该如何拜访客户?

最难的是对客户的第一次拜访,因为你们彼此都很陌生,很难一下子找到沟通到位的感觉。而最关键的也是第一次拜访,因为"好的开始是成功的一半",如果你能给客户留下良好的第一印象,那么对于未来开展业务无疑会奠定良好的基础。那么,拜访的关键点有哪些呢?

1. 时间、地点、人和物

(1) 时间及地点

◎ 拜访前一天再次确认是否有变化。

◎ 查好路线,最好准备两条路线。

◎ 预计路上所需时间,留有余量。

(2) 人:参会人员

◎ 看是否需要调整己方人手安排。

◎ 对方几个人,己方也要有几个人。

◎ 职务职级是否能对应,如果不对应,就需要调整一下人员安排。

(3) 物:所需准备的物品及材料

◎ 笔记本电脑、充电宝。

◎ 笔记本、笔、名片。

◎ 介绍材料。

◎ U盘备份的PPT。

◎ 翻页笔。

◎ 其他。

总之,尽量保证准备充分,以免出问题。

2. 服饰、仪容、仪表及礼仪

(1) 服饰

◎ 服装：通常来说正式拜访应着正装，颜色以黑、蓝、灰最为保险，并且全身不能超过三种颜色。

当然，因为行业和长期形成的文化不同，所以企业对于着装的要求会各式各样。例如，循规蹈矩的银行和时尚杂志社，用常识思考，我们也会知道两者对着装的要求是不同的。所以，根据自己所拜访客户的行业，结合企业的实际情况以及业内人士或过来人的建议，最终选择合适的着装才是正确的做法。

服装无须追求名牌，追求簇新，但是必须干净整洁、大小合身、面料质地没有廉价感、做工精细、整体让人感觉有精气神。

◎ 配饰：包括鞋袜、包、围巾、手套、帽子、腰带、手表、手机、饰品（发饰、项饰、首饰、戒指）。

根据搭配原则，配饰和服装要搭调，最关键的是色调要和谐，并且身上的纯装饰性饰品不要超过三样。

网上关于职场服饰的教程有很多，在此不详细说明了。

(2) 仪容

◎ 面容：女性化淡妆，切忌浓妆。拜访日韩企业客户，必须化妆。男性胡须要剃干净。

◎ 指甲：修剪整齐，缝隙中不要藏污纳垢。如果是女性，那么务必保证美甲的颜色和图案中规中矩，尽量符合大众审美。建议只做单色，符合自身年龄层，让人感觉舒服且颜色和服饰搭配。

◎ 头发：发型，建议中规中矩一些，适合自己脸形的发型。特殊造型只适用于追求个性的行业，如时尚业。建议不要染发，尤其是染夸张

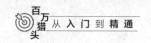

的发色。若染后头发已经发生色变,有色差,则必须在面试前重新染过。长度,建议体现出性别特征。虽然如今流行中性美,但大多数企业还是较为传统的。

(3)仪表

气质非一朝一夕可以练就,但平日里多加注意,相信也并非难事。虽然名媛、绅士的气质有时是天生的,即使花精力去研究,也不可能个个都能修炼得出来,但是通过得体的仪表给人带来舒服的感觉,我相信还是可以实现的。

俗话说,好的开始是成功的一半,有研究表明,陌生人之间的第一印象非常重要。通过用心准备服饰、仪容仪表,完全可以为自己设计出得体的外在形象,从而打响"第一枪",给客户留下良好的第一印象,进而为拜访成功加分。

(4)礼仪

◎ 礼貌用语:多用"您""谢谢""抱歉""好的"等词汇。

◎ 站姿:不求站如松,但也不能让人感觉吊儿郎当、流里流气。

◎ 坐姿:不求坐如钟,但也不能让人感觉瘫在椅子上,尤其不能跷二郎腿和抖脚。

◎ 行姿:不求昂首阔步,但要挺胸抬头,女性尽可能体现优雅,男性尽可能体现风度。

◎ 眼神:眼睛要看着对方,注意眼神交流。不能"目中无人""举头望月""低头找钱"。

◎ 握手:若需要握手,上下三次,不可过多;幅度、力度都要适中;不可握得太紧,尤其异性之间。

◎ 递名片:对方给予名片,要双手接过,端详后放在桌上,离开时收入自己的名片夹。给予对方名片，要双手递过去。通常若对方即客户没有递名片，则拜访者也无须递名片，避免不必要的尴尬。若沟通得非常愉快，可以在接近拜访结束时，递出自己的名片或索要对方的名片，但此种做法并不常用，慎用。

◎ 手机：最好关机，实在不行就调成静音、振动，不建议在拜访期间外出接电话，除非有特别紧急的事务。当然，事先要询问对方，得到允许后再离开，时间不能耽搁太久（通常5分钟以内）。

对于要拜访的客户，务必要事先了解其企业文化、开创背景和业内简称。除了上述常规事项外，更要注意基于文化差异的特别事项。

例如，拜访欧美客户，通常是握手。遇到热情的意大利人等，要与你来个礼节性的拥抱，你也要落落大方。拜访日本客户，最好是能用鞠躬来表达尊敬之意。鞠躬按长幼辈分还有更细节的规矩。有的日本客户喜欢用英文标识（Logo）作为公司的简称，特别是那些不是由日文直接音译的Logo，以显示"国际化"。如果能事先了解、留意，并主动在BD过程中使用该简称，那么既可以满足客户的虚荣心，又可以表现出自己做足了功夫，从而为拜访加分。

总之，礼多人不嫌，但礼仪也要用得对。大家可以参考相关书籍。

3. 自我介绍

自我介绍是必不可少的环节，客户正是通过介绍来了解我们的。因此如何做自我介绍就变得非常关键了。通常自我介绍应该包括公司介绍、团队及个人介绍、业务介绍三部分。下面来分别说说每部分的注意点。

（1）公司介绍

客户已知的信息要简略带过。千万不要说很多客户已经知道的内容，这样会让客户对你失去耐心和兴趣。

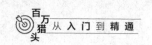

携带资料上有的信息要简略带过。一来客户自己也会翻阅资料看，二来资料上的内容总是过于笼统。

（2）团队及个人介绍

不需要面面俱到，而是要重点强调一两个卖点。例如，学历高，稳定性好，业绩好。

要特点鲜明。为了让客户记住你，这部分的介绍必须突出鲜明的特点，让客户感到你们公司和别的公司、你和别的人有许多不同，这很重要。如果你们公司的人是张扬的，那么就张扬；你们公司的人是朴素的，那么就朴素。总是有客户更喜欢张扬的合作者，也有截然相反，喜欢低调朴素型的。既然如此，我们不妨做自己，真实一点，未必不好。

当然，如果与客户风格类似，一定会事半功倍；而与客户的风格迥异，可能会效果不佳。但本来这就是双向选择的事，没有人能被所有人喜欢。个中拿捏的尺度，大家自己评估。

（3）业务介绍

不要泛泛而谈，要有案例。即不要说得"高大全"，听起来像世界第一似的。而是要多举案例，最好能够举与客户相关的案例，特别是与目前职位需求的痛点直接相关的。这样客户一定会非常有兴趣。如果案例组织得足够饱满，那么对验证你们的实力是最有效的。

不要吹嘘数据，要有统计。即不要想当然地说一些数据，听起来很厉害，但只要一推算就漏洞百出。而是要事先经过分析统计，挑选出适合"显摆"的数据说给客户听，甚至可以拿出来给客户看。例如，你们在这个领域有多少人，可以打开公司的数据库，给客户看一看。这样效果是不一样的。

总之，要说客户感兴趣的信息。信息可以是关于你们自己实力的，关于业务情况的，关于行业动态的等。只要是你觉得对客户有用的，客户会感兴趣的，对目前要谈的业务合作是有促进作用的，你就应该说，而且要重点说，详细说。

那么，肯定会有人问：我怎么知道客户感兴趣的是什么？

一要看职位需求。看客户列了哪些职位需求，相对于市场上的同类职位，其列出的需求中有哪些不一样的地方。或者根据自己打听到的招聘倾向性，揣摩客户需求中的痛点是什么。

二要听客户提问。既然客户问的一定是他所关心的，我们就应该从其问题中的只言片语中找出关键诉求，尽力准备、全面讲述。

那么肯定会有人问：客户倒是很爽快，直奔主题讲了自己感兴趣的点，但如果那部分不是我们的强项怎么办？

这也是很容易发生的事情。但要记住：即使不是你们的强项，也未必就是你们竞争对手的强项。至少当时一定要这么安慰自己，调节好情绪。然后，能做的就是以积极的正面的方式去回应：你们有什么、你们的优势在哪里，你们的优势部分可以弥补这部分的劣势。切记：不要简单地岔开话题，引导客户看向你们强势的部分，那样会让客户觉得你是在回避问题。

> **具体话术参考**

- 客户：我了解了一下你们团队做研发的职位比较少，我们现在需求量大的就是研发方向上的职位。你们能行吗？
- 顾问：我们研发职位的确做的不多（要点：先肯定客户的判断，尤其当客户并没有判断错的时候），但因为一直有心要加大研发职位的产出，所以我们在研发方向上一直在积累人手和资源。如今，我们这块的资源有×××量。去年起，我们已经有了专门的研发团队：目前是1个顾问带1个RC（Researcher，访寻员），其中顾问是××背景，RC是××背景，去年产出××。今年的人手还会增加，这也是我们来拜访您的原因，我们知道您这里的研发职位需要帮手。而且您也知道，我们公司强调访寻，所培养的人也都以访寻能力强著称。别说研发这块，就是再新的方向，我们也有信心。

说完了拜访前的准备工作。接下来说说拜访时的展示，即我们到达客户那边之后，正式开始的宣讲行为。

4.PPT

（1）关于PPT制作

◎ 要图文结合。不要全是文字，要有表格和图片。

◎ 要放上公司的Logo。如果有可能，就把客户的Logo也放上。

◎ 要定制化制作。不要拿出一个通用版本敷衍，最好能做到"客制"，即形式风格要接近客户公司官网，内容则最好能切到客户需求的痛点。因为现在官网也是用模板做的，所以如果有这方面的熟人，可以委托找到类似的模板，这样在取材、配色时会节省不少时间。

不管PPT做得怎么样，最关键的还是"临门一脚"的演说。演说必须花心思准备，如果时间足够，那么怎样充分准备都不为过。有时候客户事先并不通知，而是直接让潜在的供应商一起出席会议，然后让每个供应商"PK"：在给定时间内依次介绍自我。还有些时候，为了加深客户的印象，或者客户有多个部门参加时，为了方便客户更直观地了解我们，我们也会采取PPT的演讲形式。

（2）关于 PPT 演讲

◎ 开场白

没人喜欢"白开水"。商务世界中，千篇一律的开场白总是让人昏昏欲睡。为了取得 PPT 演讲的成功，我们一定要学会设计开场白，以期从一开始就吸引听众的注意力。比较适合用于商务场合的开场白类型如下。

直白型：从一开始就用高度凝练的语言，把演讲的基本目的、主题告诉客户，引起他们想听下文的欲望。接着在主体部分加以详细说明和论述。这便是直白型，又称为开门见山型。

这是最常用的做法。如果自己公司优势不明显，那么建议不要用直白型。

引用型：如果时间足够，那么在开场白中引用名人名言，或者富有哲理的话，也是很有意思的做法。当然，最好是引用客户公司方名人的话，或者是公司的理念、愿景之类的。这样做会为演讲主旨做充分的铺垫，取得客户的认同，并烘托出演讲的主题。

幽默型：以幽默的故事或诙谐的语言作为开场白。这种方式比较适合用在演讲排位居中的时候。因为一般这个时候客户都有些疲劳，而幽默型的开场白可能会让客户精神一振，在演讲者的启发下集中精力、进入角色，从而最终接受演讲。

自嘲型：这里的自嘲，是指采用一种揶揄的、戏谑的、自我解嘲的语气，但并没有把自己的形象损坏得太厉害。自嘲的开场白并非要贬低自己，而是要用另一种方式表现积极乐观的情绪，展示自己高度的幽默感。

无论采取幽默型还是自嘲型的开场白，目的都是让大家放松紧张的情绪，从而放低客户的戒备心理。如果没有这方面的天赋，就不要刻意为之，以免弄巧成拙。例如，"我们公司对贵公司非常重视，所以派出了我们公司最重量级的顾问××，也就是我。您看我这吨位"。

提问式：一上台便马上向听众提出一个或几个问题，并且邀请听众与演讲者一道思考，这样可以立即引起听众的注意，促使他们很快便把思想集中起来，一边迅速思考，一边留神听。

这也是常用的方式。例如，"各位觉得我们公司的顾问最大的特点是什么？"

赞扬式：人们一般都有喜欢听表扬语言的心理，演讲者在开场时说几句赞扬性的话，可以尽快缩短与听众的感情距离。但要注意分寸，不然会给人哗众取宠、油嘴滑舌的印象。

"套近乎"式：演讲者根据听众的社会阅历、兴趣爱好、思想感情等方面的特点，描述一段可能引起共鸣的生活经历，或者在学习、工作方面遇到的特别事件，可以表达烦恼，也可以描述喜乐。这样容易给听众一种亲切感，从而产生共同语言，双方的感情距离一下子就缩短了。

赞扬式和"套近乎"式是比较类似的，目的都是赢得好感以表明我们是同类。HR的工作也是很辛苦的，从这个角度切入去想开场白，可以迅速地拉近猎头与HR的心理距离。例如，"不知道各位是不是刚从面试现场归来？很辛苦啊。我也是刚才……赶来"。

道具式：又称为"实物式"，演讲者开讲之前向听众展示某件实物，给听众以新鲜、形象的感觉，引起他们的注意。实物可以是一幅画、一张照片、一张图表等。

这类也是恰巧有合适的可以用的才用，不需要刻意为之。例如，"我今天带了一张照片来，大家可以看屏幕，这样比较清楚。你们发现了什么？没错，今天来的人都在上面。这是我们去年年会×××万顾问的合影，我们团队的×××、×××有幸都在其中。所以，我想说的是，我们在这个领域还是有信心的"。

总之，各种形式是可以结合使用的，如提问后加自嘲。最关键的是，不管怎么说、说什么，都要紧扣主题，为主题服务，而不是为了卖弄形式而卖弄。主题是什么？主题就是我们是你们需要的供应商，我们能解决你们的问题，我们具有别人没有的优势。

◎ 中间陈述。

要点与前面口述中提到的是一致的。特别需要指出的是，PPT内容可以多准备些以备提问，但千万不要强求讲全，而是一定要随机应变，即根据客户的现场反应、情绪等，灵活调整后续内容的详略。即客户对什么感兴趣，你介绍什么。注意，因为你的公司、所在的团队的卖点不会只有一个，甚至本来算不上卖点的，只要客户看重，就能算卖点，所以你只需要确定：在你们的卖点中，哪些是客户真正感兴趣的。你还需要把握自己的哪些卖点是独特的，或者至少可能是其他竞争对手没有的。

那么肯定会有人问，我又不是客户，怎么知道客户对我说的内容感不感兴趣呢？

首先，看客户的肢体语言，他是在看你还是在看别的地方；他是两眼无神还是两眼聚焦。

其次，看客户的语言，他有没有提问你，有没有打断你。

最后，根据你的直觉来判断。在特定环境下，人的直觉还是很准的。客户对你说的内容有没有兴趣，有没有认真在听，其实你是能感受到的。

◎ 总结陈词。

总结陈词部分的注意点如下。

感谢客户。感谢客户给予的机会，传递出真诚感谢的情绪。

询问客户。如果客户在中途没有打断或没有提问,那么在结束的时候,不妨问一下客户有没有问题。客户愿意提问就是好事。

案例分享

记得有一次参加一个客户的猎头供应商大会,其中有一家猎头公司让我印象非常深刻,因为大家都到,就等他们公司了,足足等了10分钟。客户拜访最忌讳迟到。可是总有人在这些最寻常的细节上出问题。后来,再次开会,就没见到这家公司的人了。

还有一次陪同拜访的经历让我印象也很深刻,当时就已经是职能组领导的同事,他和客户很自然地聊起了自己的留学经历,以及当地的风土人情。原来客户也是在英国留学的,所以两个人自然有很多的共同语言。那次见面非常愉快,结果也异常顺利:我们行业组的人根本没有真正出手,就在轻松的气氛中拿下了客户。事后我暗自感叹:寻找客户和自己的共同点真的很重要。可是转念又想,如果客户不愿意谈起自己的留学经历呢?于是我便问了同事,记得他说:"这不过是抛出一个话题,试探一下。客户接,自然好,不接,就说别的。其实我只是想看看,到底用什么话题能够打开客户的话匣子。如果一见面就公事公办地谈业务,那与别人有什么区别?又如何让客户觉得我们不一样?连着见几个这样的人,换谁都会觉得无趣得很啊。"

听了这番教诲之后,我便记住了一点:让客户对你产生兴趣是非常重要的,而作为激发其兴趣的一个重要方法,挖掘你们经历中的共同点会非常有效。

Q62 BD线索哪里来?

天下公司万万千,我该如何选择呢?我如何知道哪家公司有需求,哪家公司没有呢?这些问题其实都是 BD 线索。总结下来,至少有十大类线索。

1. 候选人

候选人可以是我们寻访新职位的时候认识的,也可以是我们认识有段时间的,还可以是做背景调查时的背景调查人。总之,作为行业内的人,他们如果有心看机会,或者他们的朋友在看机会,他们就知道哪些公司在招聘人,哪些公司是他们想去的,哪些公司是他们不想去的。这些就是非常有价值的 BD 信息。如果进一步询问候选人,也许就能拿到招聘方的联系方式,而且是具体到相关人员的。

2. HR

HR 可以是我们正在合作的 HR,也可以是我们合作过的 HR,还可以是背景调查时联系到的 HR。HR 往往知道他们的竞争对手是哪些公司,而这些公司也是可 BD 的目标之一。此外,如果能够与 HR 保持密切沟通,及时了解其自身的职场动向,那么 BD HR 所要去的公司也是一种选择。

3. 朋友/同学

世界很小,或许我们的朋友、同学就在我们服务的行业圈子中,或许他们的朋友、同学在我们服务的行业圈子中,而且影响力还不小。所以,平常多沟通、多联系、多询问,也能作为补充渠道,知道 BD 线索。

4. 公司的系统

公司的系统是指人才系统库。大多数有一定规模的猎头公司都有这

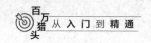

样的系统库，系统库中不仅可以记录人才，还可以记录职位合作的情况。公司系统中出现过的公司，无论是签过合同的，还是仅曾经拜访过的，都可以作为新的 BD 线索，去看看他们最近的职位需求，或者挖掘重新 BD 的可能性。

5. 招聘类网站

无论是 51Job、智联招聘等传统的招聘网站，还是猎聘、猎上这类具有鲜明猎头属性的平台，都会提供丰富的职位信息供猎头顾问研究。优秀的猎头顾问不仅能归纳各类职位的表面信息，而且能看透公司对于人才的本质需求，并从中挖掘出适合 BD 的公司。

6. 新闻报道

不管是传统的门户网站，如搜狐、新浪，还是新兴的今日头条等，抑或是各行业的知名公众号，都可以看到行业新闻。从新闻了解人才招聘的趋势，从新闻了解公司的组织结构、业务变化，从而挖掘可能的 BD 对象。

7. 朋友圈、微信群（QQ 群等）

从朋友圈、微信群也可以看到行业新闻。此处重点说明下微信群的讨论功能。微信群中的讨论可以帮助我们发现 BD 的线索，或者排除 BD 的对象。例如，在猎头群中会有哪家公司被曝光，哪家公司近期招聘量大的言论，以及哪些公司的条款苛刻等。当然，更好的做法是主动去提问。举例如下。

◎ 有谁知道这家公司的情况？

◎ 这家公司怎么样？

◎ 谁合作过这家公司？

◎ 听说××最近招聘量很大……

通过询问收集些信息，帮助我们来判断一条 BD 线索是不是好线索，一家公司是不是值得去做 BD 尝试。

8. 知识付费平台

知乎一类的问答平台都是有职场话题的，不妨就以公司的名称去搜索相关的话题，重点看评论中大家对这家公司的评价。我们可能会有意想不到的收获，例如，获知这家公司的组织结构薪酬福利、老员工吐槽等，都可以帮助我们做 BD 对象筛选及 BD 准备。

9. 行业报告

如果你新入猎头行业，或者新涉入某个行业，你不知道行业内主流玩家有哪些，那么一些行业调研报告可以帮助你。一般来说，行业内的大公司、巨头都会用猎头服务，这也是 BD 的线索来源。

10. 论坛

HR 论坛、技术论坛等各类我们所服务的领域内的知名论坛，一般都会有求职招聘版块，其中发布的职位信息也是 BD 的线索来源。虽说现在论坛没有以前那么流行了，但是也未必一定没有利用价值。

总之，BD 线索可以通过很多渠道获得。不过获取线索只是第一关，更重要的是如何鉴别这些线索的真假，以及筛选出值得花工夫 BD 的目标。这就需要猎头顾问做到多方面、多渠道地打听，既要参考网络资讯，也要收集人脉情报。

案例分享

我在知乎上曾经收到一条私信。发信者是一家建筑公司的海外办公室的负责人，希望我能推荐些国内的猎头供应商给他。我在自己的朋友圈和微信群发出了消息，陆续收到了几个猎头小伙伴的询

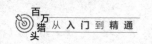

问。可见,如今 BD 线索的来源是很广的,关键是自己要有心留意身边人,并且尽可能把自己的信息分享到网络上。

Q63 如何找到潜在客户的联系方式?

潜在客户包括公司客户及候选人。寻找潜在客户的联系方式,方法有以下两种。

1. 熟人介绍

熟人介绍就是从认识的人那里拿到联系方式或由认识的人引荐。必须满足如下三个关键点。

◎ 对方知道你有业务拓展的需求。

◎ 认可你的业务能力。

◎ 知道谁需要你的服务。

做到以上三点显然是所谓的功夫在平时,关系要维护。详情将在后面的问题中展开。

2. 陌生联系

陌生联系就是自己通过各种渠道找到联系方式。

要想通过陌生联系,就必须做好网络搜索和 Cold Call,以及线下见人。前两个是定向的,最后一个是不定向的。

(1)网络搜索

综合运用各类网络搜索手段、技巧,直到找出想要联系的目标对象的姓名,甚至是联系方式。

利用领英、脉脉、Boss 直聘这些职场社交平台。很多职业经理人都会在这些平台上挂自己的职场简历（Profile）。为了与关键人物建立联系，首先需要有个人社交账户，然后放上自己的简介，最后用各类能想到的方式添加联系人，如校友、现公司/前公司同事、业务合作伙伴的联系人。还可以通过加入各类群组（Group）迅速增加你在平台上面的联系人人数。你的人脉网络越大，就越容易看到自己想联系的人的姓名，甚至能加其为联系人。

还有一种方法是，利用搜索功能，把你想寻找的目标对象的职位，或他所在公司的名称输入进去进行查找。查到人后就可以尝试添加联系人。一旦添加成功，你就可以看到他们的简历，通常上面都会有邮箱、电话号码。即使没有，也可以发送私信。当然，更直接的方式是打前台 Cold Call。

利用知识社交平台。尤其是职场人士用得比较多的平台，且最好是能够通过私信进行单向联系的平台。以知乎举例，很多行业内的"大 V"，都是实名注册的。一些大企业的高管、HR 负责人也会使用知乎，或者说注册过知乎。通过研究他们的文章、回答的问题和关注的话题来了解他们的喜好和关注点，然后通过发私信的方式进行联系后，猎头顾问就有可能"顺藤摸瓜"地进行 BD 了。

（2）Cold Call

Cold Call 是指猎头顾问通过一些事由请求前台将电话转接到目标对象的操作，具体方法就不展开说了。如果想了解一二，可以去看一部美剧：《Family Man》，中文名为《猎头召唤》，其中有男主角打 Cold Call 的场景。顺便提一句，Cold Call 虽然是猎头顾问的"童子功"，但因为各种原因，目前真正练得好的猎头顾问并不多。有需要这方面培训的朋友，不妨关

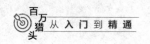

注作者的千聊直播间——珍妮姐说猎头培训，里面有专门的课程。

（3）线下见人

通过参加各种活动来拓展人脉，从中发现潜在客户。要增大发现潜在客户的概率，就需要多参加行业类活动。

◎ 展会。行业展会是交换名片、认识人的好地方，而且认识的都是圈内人士。虽然以销售和技术类的人居多，但也会有公司的高层等。

◎ 会议,论坛。这与展会的性质相似，只不过会有明确的主题演讲人，一般都是业内大佬级别的人物，如果能打个照面，或者结识大佬身边的人，那么对今后的业务拓展肯定是有帮助的。

◎ 职场属性强的活动，如为期半天到三天的培训沙龙、培训课程等。也可以参加 MBA、硕士课程，借机进入校友圈。

总之，以上三种寻访方法都是猎头顾问常用的，方法本身也是需要猎头顾问不断精进的。

心得分享。

通过参加展会来进行 BD 是销售常做的事。猎头新人也完全可以参照着做。

没有任何人脉资源或高阶人脉资源阶段：进场前，先琢磨好自己的目标客户所在的展位，规划好访寻这些群体的路线，务必做到目标明确、不盲目走动。以客户或供应商的身份攀谈，索要名片。只要给出名片，一般都可以交换到名片。为此，可以专门印一些名片，以备交换。另外，某些企业的展位，本来就放着销售的名片供人拿取，这类机会一定要把握好。还有，一般不选取上午人流高峰的时候入场，而是选取下午近结束的时候入场，因为这个时候，大半天忙碌下来，人的警惕性都会比较低，要到名片的概率更高。

当然，因为不是这个行业的，单枪匹马看展会效率还是会比较低，所以最好能找到行业内的朋友一起去看展。如果你可以负责来回车费、简餐等，那么即使不太熟的朋友，也不可能会拒绝，特别是在他本来就要去看展会的情况下。如果有关系好的行业内朋友，甚至可以让他分享他要到的名片。从这些名片入手，以 Cold Call 的方式，顺藤摸瓜找到更高层级的人进行 BD。

有高阶人脉资源阶段：一些展会有内场的小型研讨会、分享会，可以选择进入这些会议场地。在这些场地出没的一般都是高层。在集中交换名片的时候，加入进去就好。

Q64 如何通过有效的人脉维护获得更多的客户？

大家都知道，通过陌生联系、陌生拜访获得新客户的成功率是较低的，或者说是远远不如熟人介绍的成功率高。因而，从一开始就用心经营、维护行业人脉，正是我们需要做并且坚持一直做下去的。只有这样做，才可能随着人脉数量的不断增长，为我们带来熟人介绍。

熟人不等于有效人脉；亲人、朋友不等于有效人脉。有效人脉是指对我们的职场发展能够提供直接或间接助力的人，是有意愿也有能力提供助力的人。人脉分类如下图所示。

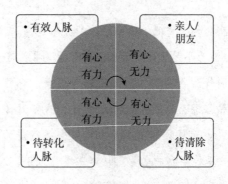

人脉分类图

所以，在商言商，对于稀缺的有效人脉，我们要如何维护呢？

1. 战略

（1）以人为先

因为是我们想与别人结交秦晋之好，所以自然需要我们有"以人为先"的思想。具体包括如下内容。

◎ 以别人喜欢的沟通方式去做沟通。

◎ 以别人习惯的沟通渠道去做沟通。

◎ 从别人感兴趣的话题开始去做交流。

以上三点是我们需要坚持思考、研究并去尝试的。

简单来说，只有对方觉得我们是同类人，与我们沟通、相处愉快，才可能萌生想与我们进一步沟通、联系和保持关系的念头。

（2）先付出再得到

就是英语里说的"give and take"——有得到，有付出。

职场上的人脉维护是脱离不了"利益"二字的，这很正常。只不过，怎样去分配利益，各人会有不同的做法。我提出的理念是利益互换，互帮互助，这样大家必然能够长久地在一起愉快地合作。

像熟人介绍这件事，我们受了别人的帮助，较为轻松地赢得了客户以后，需要想一想：我们能给介绍人提供怎样的帮助？或者说，是不是因为我们曾经帮助过介绍人，所以才收获了这次的幸运？

例如，我们给候选人成功推荐了一家新公司，他入职后做得好，几年后升职了，他们部门或者是公司层面有招聘需求，需要猎头供应商，所以他想到了我们。

又如，我们老客户的HR跳槽去了新公司。因为与我们一直合作得不错，所以在选择新的猎头供应商的时候，又想到了我们，把我们引荐给了他的老板。

再如，我们一直不定期地与优秀的候选人保持联络，或许是节日祝福，或许是行业深度文章分享，或许是及时回答他的一些小咨询。等到某一天他要跳槽的时候，他身边的朋友、同事要跳槽的时候，他会第一时间想到联系我们，给我们发简历。等到某一天，他自己创业的时候，他也会第一时间想到联系我们，寻求合作。

以上这些都是先付出再得到的事例。

（3）情感导向

在前面的基础上，通过此步骤可以进一步把职场有效人脉转化成朋友。即让对方觉得我们不仅可以一起谈公事，还可以一起谈私事。

因为，把我们当朋友这点非常重要。如果不是朋友，那就只有在有利可图的时候才会帮助我们；如果是朋友，那么即使无利可图，也会愿意帮助我们。这是有明显区别的。朋友较之纯粹的利益之交、点头之交，显然关系要牢固得多。

换句话说，建立关系可以是向别人证明我们有价值，但是维护关系不仅需要证明我们有价值，更需要证明我们是可以做朋友的。以心换心，

以诚待人,投入感情才可能换得感情。

如果只是为了获得利益,那么我们付出的一定是虚情假意,会被明眼人一眼看穿;即使有些人比较迟钝,但是日久见人心,也还是会让人看清的。我们可以为了利益去交换彼此的价值,达到合作共赢,但是我们在与人交往时却不能唯利是图,利益导向;相反,必须情感导向。这就是所谓的得人心者得天下的道理。

2. 战术

(1)渠道

线上就是网络渠道、各类社交应用;线下就是各种活动、各类聚会。所谓联动,就是争取让线上认识的人在线下见面,同时,争取让线下认识的人保持联系。

线上:微信为例

单一人脉管理:要学会用标签进行分类,昵称要改成姓名—公司—职能—地点。在备注中要写与这个人沟通之后的一些评价、观感、新的认知,并且要持续更新。当然,不需要很详细,用关键词就可以。

多个人脉管理,即微信群:不管是参加活动加入的微信群,还是被拉入的微信群,只要是我们觉得有价值的微信群即可。入群后不要一味潜水,因为一味潜水,我们就没有任何的存在感了。该参与话题讨论的时候要参与,该发红包的时候要发红包。只有发声,才能让更多的人对我们有印象,让更多在活动当时没注意到我们的人知道我们,让群里本来不认识我们的人留意我们,最终吸引他来加我们微信,与我们私聊。这样成为新朋友、新人脉的可能性就大了。

更主动一点的做法就是直接加群里的人。大多数人都不会主动去加群里的人,但既然大家在一个群里,就多少会有共同点,尤其是和职场直接相关的群。先把人添加为好友，再做筛选和维护。

但是需要注意的是，有些人会反感这样的操作，或者会误以为我们是做微商的，所以，不要一口气在短时间内发出很多的添加申请，在添加的时候也要说明自己是谁，想干什么。

此外，除了做群友，还可以选择做群主，即自己建立微信群。就猎头而言，会有很多猎头群、候选人群、人力资源群，除了加入别人的群，尽可能多地加入高质量的群外，也可以自己建群。当然，群管理和群维护是很费时间的，所以如果没有余力，还是不建议大家去建群。因为建了群就要管理，不管也就没什么价值了。

线下

① 1对1见面。

有聊得来的人，不管是群里认识的，还是其他社交平台中认识的；不管是基于兴趣爱好认识的，还是基于工作认识的，只要没见过面，都可以尝试约见面，这样才能真正地转化成有效人脉。因为，如果从来没有见过面，那么成为朋友的概率还是很低的。当然，防人之心不可无，见面前最好是已经确认过身份，并且尽可能在白天约见，地点也要选在人流量大的市中心区域，以免被骗。

② 多对多见面。

除了1对1见面外，还可以组织或参与多人的聚会活动。群友彼此认识是个不错的方法，只要确认时间、地点，找好场地，小规模的活动都不是难事。让大家分享自己的行业经验、职场故事，也会是很不错的交流主题。因为，工作是生活很重要的部分，职场社交是大家都比较愿意投入的领域。

（2）时间

维护人脉，大家都知道是一件费力费心又费时的事情。所以，多久联系一次就是一个很重要的问题了。我的建议是因人而异，具体如下。

因习惯沟通的频率来定频次。有的人是一季度一次，有的人就是一年一次。因为，不是沟通越多关系一定越好，更关键的是大家的时间都是有限的。只要保证每次沟通，彼此都觉得是有价值的就能达到效果了。

因重要程度来定频次。对于我们的客户、明星候选人等，必须保持更高频次、更高质量的沟通。哪怕不沟通，朋友圈里多点赞、多评论、多私发有价值的链接也是好的。这说明我们很重视对方。时间久了，不出三个月，他一定能把我们记住。一般记住了就很难忘记了。

最难的不是频次，而是坚持。日久见人心，关键得日久。此外，人脉是需要更新换代的，有新的来，就可能有老的走。留住真正有价值的人脉，谨记二八原则，抓住20%才是关键。

案例分享

人脉带来新的人脉，客户带来新的客户。这个道理是不限行业领域的。自从我转型做了咨询培训，没有了所谓的平台的光环，靠自己单打独斗后，我自己的经历也验证了这句话。

转型之初我很看好喜马拉雅平台，花了很多精力录制免费节目，吸引了许多听众，并从中转化出了最早的一批客户。随后，我将这些客户兼朋友引入微信群，通过群内的分享与讨论、原创公号文的推送等，交流做人和做事的观点，进一步加深了他们对我的认可。进而我在与他们的互动中不断拓展，他们也就水到渠成地购买了我的千聊直播课，参加了各类线下活动、精品私教，并自发地推荐其他人关注公众号和购买课程。

其中有一个是猎头公司的 HR，他先是自己购买了课程给员工听，大家普遍觉得好，就建议老板用我的内训。老板也觉得好，又推荐他的朋友用我的内训。在这个过程中，我都没有主动 BD 过。但是，我展现了自己的诚实，能讲什么，不能讲什么；自己的实在，如建议线上课程买一份，固定时间可以公放给多人听；自己的敬业，说好讲多长时间，从来都是超时的；自己的专业，课后不仅有资料，还有课堂总结，一般都是当晚发出的；自己的用心，如给客户写推广软文，制作招聘广告。

总之，做生意做的都是人的生意。人的风格有不同，性格有不同，但是人都喜欢靠谱的人。我虽然没有特别的才能，但是我用我的靠谱为自己赢得了客户。

·本章小结·

客户不是从天上掉下来的，是需要猎头顾问自己去 BD 的。本章讲述了 BD 各环节的注意事项。

★ 客户为什么需要你和你的服务？

★ BD 的线索从哪里来？

★ BD 的五大准备是什么？

★ 如何进行电话销售？

★ 如何拜访客户？

★ 如何通过维护、拓展人脉来赢得新客户？

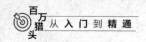

赢得客户靠的究竟是什么？

扫描二维码查看问题答案

PART
3

自 我 修 炼

情绪管理：错不错，有所谓吗？

时间管理：25 小时 / 天？

信息管理：人在哪儿？全了吗？

财务管理：不付钱！何时付？

终极问题：如何成为"百万猎头"？

CHAPTER 13

第 13 章
情绪管理：错不错，有所谓吗？

Q65 对候选人掏心掏肺，候选人却总是一副不信任我的样子，挫败感很强时，我该怎么办？

人是理性与感性相结合的高级动物。我们理性的一面会告诉我们不能期待"我怎么对别人，别人也能怎么对我"，但是，我们感性的一面却总是抱有这样的期待。猎头新人由于还未达到"阅人无数，宠辱不惊"的境地，自然很容易觉得自己付出很多却不被候选人理解及认可，并因此产生负面情绪。所以，问题的关键是一旦知道自己产生了这样的情绪之后，该怎么做。

情绪对人的影响不必我多言，情绪管理的重要性也不必我多言。下面我就直接谈谈个人看法。

1. 积极地把坏情绪赶走

先不要急于论是非，因为情绪不稳定的时候，想什么、做什么往往都不是正确的。你需要先把自己从坏情绪中解救出来。这里的"坏情绪"是指各种低落的、自我怀疑否定的、郁闷的、气愤的等情绪。怎么解救？

每个人有每个人适合的方法，如交谈、享受美食、运动、睡觉、洗澡等，总会有一个方法对你是行之有效的。毕竟这不是你有生以来第一次遭遇坏情绪了，你一定曾经有过赶走坏情绪的成功经历。要多想想平常对你而言，做什么是感觉最放松、最快乐、最自在的，你就赶紧去做。相信运用过一种或多种方法后，即使没有完全复原，你的情绪也一定会有所改善。如果没有复原，此时你也无须强求自己。人只要迈出了第一步，很快就会迈出第二步，直到完全走出来。

2. 客观地分析问题

就像"扫地雷"一样，只要一个个排查下去，就一定能找到地雷。首先务必要站在候选人的立场，心平气和地来审视自己：我身上是否存在需要改进的地方？如果有，或许正是因为这些不足，导致候选人没能对你产生信任感。或者说，只要你在候选人心中还有需要改进之处，他就不会产生你所期待程度的信任感。如果你只是沉醉于一味地埋怨、指责候选人，那么除了一时地发泄自己的坏情绪外，毫无其他益处。

问题排查清单，参考如下。

（1）从开始接触候选人到结束，整个流程中你做了以下哪些

◎ 认真倾听候选人说的每句话、每个问题。

◎ 真正理解候选人想表达的意思，而非自己断章取义。

◎ 及时回应候选人的疑问，并给予了力所能及的答案或信息。

◎ 在候选人需要帮助的时候，你总是能为其提供真正需要的，而不是自以为是地给出一些无用的信息，或者是一厢情愿地帮到其他方面。

◎ 没有过度营销、包装你的职位。

◎ 没有过度引导候选人的想法。

◎ 没有刻意忽视他的真实意愿。

◎ 在言语上让候选人感觉到了平等和尊重，尤其是进入谈判阶段后。

◎ 在态度上让候选人感觉到了你想合作共赢，而绝对不是胁迫获利，尤其是进入谈判阶段以后。

◎ 充分顾及候选人的感情需求，如维护其尊严，并且你的做法足够聪明，几乎不露痕迹。

◎ 充分理解候选人的现实需求，如坚持要求更高的薪资，并且你竭尽所能地为其努力了。

（2）成功扮演了以下哪些角色

◎ 一个专业猎头顾问的角色。

◎ 一个类似心理咨询师的角色。

◎ 一个战略合作伙伴的角色。

◎ 一个自己认可的朋友。

就像每个人维持身体运作所需的能量不同一样，在让心灵产生信任感的过程中，每个个体所需要的能量等级也不尽相同。对有的候选人而言，只要你能成功扮演第一个角色，就能获得其信任；但对有的候选人而言，除非你能成功扮演最后一个角色，否则就休想获得其信任。

如果以上清单都做到了，那么我认为至少你还有可以努力的方向、提升的空间。因为，人能改变的是自己，而不是别人；猎头顾问能决定的是自己的意志和行为，而不是候选人的。所以，哪怕有微小的不足，猎头顾问也要用放大镜把它找出来。让自己成为更好的自己，从来都只是每个人自己的责任。

当然，如果你真的觉得你做得无懈可击、无可挑剔了，或者一时发现不了自己的过失；而你身边的朋友、同事也觉得错不在你，即虽然候选人不信任你，但有很大概率不是因为你自身的问题，那么你不妨先休息一下。

然后，再接着思考：候选人为什么不愿意信任你。可能存在的原因如下。

◎ 从来不信任人，只信任自己。

◎ 单纯地觉得大家是合作方，各有各的利益，各有各的诉求，交付信任是愚蠢的行为，是幼稚的感性的人才会干的傻事。

◎ 曾经上过某个猎头顾问/人的当，觉得自己吃过某个猎头顾问/人的亏，从而不愿意相信猎头顾问/人。

◎ 觉得你太过专业而缺少人情味，害怕你是利益至上的人，既然如此，怎敢交付"身家性命"。

◎ 觉得你恐怕是心理学专业出身的人，感觉你能明察秋毫、洞悉一切，害怕被你洗脑，提醒自己时刻保持清醒，与你拉开距离。

◎ 觉得你虽然专业、也帮了他很多，为人也不错，但是认为你作为猎头顾问，想的肯定是自己的佣金，要的是自己的利益，于是质疑：你怎么可能与他真正地站在统一战线呢？在你压他薪水的时候，此感更易产生。

◎ 所谓的八字不合，本能地排斥，无法和谐共处。

平心而论，这些想法都很正常。即使候选人信任你，也未必从来没有萌生过以上这些念头，或者在信任你以前，不曾持有过同样的态度。希望大家看开一些，不要因为受过伤害就不再敞开心扉了。

3. 释然地继续前行

经过上述分析，相信无论症结在哪里，猎头顾问都可以释然。释然了，就继续轻松上路，一路前行吧！

案例分享

做咨询之后，经常会有人来问我，猎头这么说能信吗？猎头这么做会对我不利吗？角色转变之后，我才更加理解了当事人的心情。

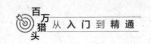

很多时候，你是真心为别人好，但是别人会觉得你是别有用心。这往往是由于大家的立场、利益不同所造成的。对于这些不同带来的信任缺失，我们首先要学习去理解，然后懂得接受，最后要找出方法来改变。

因为 Offer 谈判陷入僵局，常有猎头小伙伴选择在群里诉苦，让群里充满各种无奈的能量。例如，"候选人怎么就不相信这是个好机会呢？""错过这个机会，候选人真的会后悔的！""我把该讲的道理都讲了，候选人怎么就听不进去呀？"每当这时，我都会指出如下三点。

因为每个人的价值观不同，做选择的时候看重的东西不同，所以候选人的确有可能认为，你说的不是那么有道理。

既然道理都说清楚了，不妨冷处理一下，让对方意识到，你只是提供客观分析和建议，而非想要引导他做利于你的选择。

如果对方真的想错了，误会你了，也做错了选择，那么他今后会为他的选择付出代价，毕竟我们每个人都只能为自己的人生负责。

总之，不要认为自己能够轻易影响别人，也不要轻易被别人影响，特别是不要因为别人一点点不认同、不接受你的好意而产生强烈的挫败感。无论在什么情况下，于人于事，产生太多的负面情绪皆无益处。

Q66 对人事有求必应，人事却总是一副不满意我的样子，挫败感很强时，我该怎么办？

不管猎头顾问对人事是有求必应还是唯命是从，甚至觉得自己对人事已经比对亲爹妈还"孝顺"了，可总有些人事还是会百般挑剔，难免让猎头顾问产生强烈的挫败感。

与前面的问题一样，这类问题的解决方法还是分三步来走。首尾的道理一样，就不重复了，现在就中间的"客观地分析问题"来谈一谈吧。

首先站在人事的立场来心平气和地审视自己，看看自己是否存在值得改进的地方。

问题排查清单，有些与对候选人的一样，有些则不然，参考如下。

◎ 充分理解了人事的现实需求，如尽快结束职位等，并竭尽所能地为其努力了。

◎ 充分顾及人事的感情需求，如维护其面子、权威等，并且足够聪明地不露痕迹地做到了。

◎ 认真倾听人事说的每句话、每个问题。

◎ 真正理解人事想表达的意思，而非自己断章取义。

◎ 及时回应人事的疑问、咨询，并给予了力所能及的答案或信息。

◎ 在人事需要你帮助的时候提供了必要的帮助。

◎ 总是积极主动地联系人事、索要任务（职位）、汇报工作（职位进展）。

◎ 总是在人事开口前，就知道其想要你做什么，并早已积极地预备好了。

◎ 知错能改，敢于承认错误，并且不会重复犯同样的错误。

◎ 没有过度营销、包装你的候选人。

◎ 无论是过失还是刻意，没有隐瞒过候选人存在的问题，尤其是会导致职位被拒绝的问题。

◎ 在言语上让人事感觉到了平等和尊重，尤其是在谈判阶段。

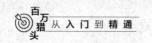

◎ 在态度上让人事感觉到了你想合作共赢,而非你想胁迫获利,尤其是在谈判阶段。

依次成功扮演了以下哪些角色?

◎ 一个专业猎头顾问的角色。

◎ 一个战略合作伙伴的角色。

心平气和地想一想,人事为什么会不认可你,可能会有以下几个原因。

(1) 人事觉得你不专业

人事对你的要求可能包括以下内容。

◎ 希望推荐报告的评价并非笼统的、泛泛的,而是具体的、有针对性的。

◎ 希望报告上的薪资并非一个总数,而是有具体的薪资结构。

◎ 希望你能自觉辅助面试进程,如在面试前15分钟联系候选人,确认其位置后告知人事,并且出现任何情况都能及时汇报。

◎ 希望你能完成候选人"颜值"和"气场"的初筛,确实面对面地与每一个候选人沟通过,或者至少与本地的候选人沟通过,而不是让候选人在面试时"吓"到人事和部门。

◎ 希望你能探听清楚候选人的薪资期望,给出的数字就是候选人真实的希望,这样大家就不会因为薪资谈判浪费太多时间。

◎ 希望你会主动汇报工作,尤其是在你没有推荐人选的时候。

◎ 希望联系你的时候,不需要通过你的老板才能找到你。

……

可以列举的太多了,总之,所有环节都能产生让人事不满意的地方。你能做的不是抱怨人事过于挑剔,而是需要先努力提升自己的服务意识,再努力提升自己的服务能力。"魔鬼藏在细节中",你若不能管理好细节、管控好流程，你就很难取得好的工作表现，人事自然很难欣赏你，即便他不讨厌你，也很难满意你。

（2）人事觉得你不好相处

你的人际交往水平、"做人"水准还没有令其满意。举例如下。

◎ 你总是在人事面前抱怨职位难做。

◎ 你总是抢着做容易做的职位，却对难做的职位置之不理。

◎ 人事先帮助你把一个职位搞定了，没多久以后，却在向你要另一个职位的访寻报告时，被你无情地拒绝了。

◎ 在讨论职位时，你显得咄咄逼人，处处有理。

◎ 你不乐于分享信息，或者分享信息的时候表现得居高临下。

◎ 你不懂寒暄，总是单刀直入地与人事进行对话。

◎ 你做客户拜访的时候，总是把关注点放在人事老板身上，从未对人事表示留意。

◎ 你从未在人事心情不好的时候表达过安慰，或者你从未刻意避开人事心情不好的时候。

◎ 你从未与人事私下吃过饭、聊过天，分享过八卦，了解过其爱好。

即使你的工作表现再好、业绩再好，如果你忽略了人事的情感需求，让人事觉得和你合作不惬意、不舒服，那么人事自然很难从心底接受你，也就不可能满意你。

其实，人事和候选人是一样的，都是有情感的人。不同的是人事对猎头的要求难免是不同的，评价的侧重点也难免各不相同。有的人事更在意情感的交流，有的人事更在意业务的完成情况。

作为猎头，你觉得自己尽心尽力了，但人事却可能觉得你做得远远不够，这很正常。不可否认，许多猎头并未扮演好专业顾问的角色，还有不少猎头虽然扮演好了专业顾问的角色，却缺乏必要的人情味，不懂得满足人的情感需求，缺乏同理心。

总之，作为提供服务的一方，猎头顾问需要不断地提高服务的意识、态度和能力。

案例分享

虽说凡事要从自身找问题，但是也有问题的确不在猎头顾问身上的时候。

有猎头小伙伴向我咨询，说客户的HR总监对其他人挺和善的，对她却总是鸡蛋里挑骨头，她很想知道问题究竟出在哪里。据她说，这位总监之前对她的态度也还可以，就是上次拜访之后就突然变了。她实在不知道自己到底哪里做错了。听她说了拜访的过程，细细询问下来，的确没有什么问题。于是，我又向她询问了这位总监的年纪、家庭状况。然后，启示她可以侧面打听一下这位总监的用人喜好。不久之后，她告诉我，她的疑问消除了。原来这位女总监单身，最不喜欢的就是长得漂亮的女生。但随即她又苦恼了，这点她没法改啊，要怎么办呢？我告诉她，客户需要人对接，需要人服务是没错的，但是没规定那个人必须得是你啊，你完全可以让你的同事对接这位总监，而且最好找个男同事。果然，后来一切正常，甚至可以说合作得很愉快。

虽然说职场中人应该是理性优先的，但是人的好恶很多时候是没有理性可言的。我们应该尊重人性，善加利用。

Q67 候选人接二连三地出现意外状况，人事对我的候选人管控能力产生严重质疑时，我该怎么办？

如果猎头顾问在与同一个人事合作的过程中，送的候选人接二连三地出现意外状况，如面试迟到或不来、薪资跳价、拒绝 Offer 等，都会让人事恼羞成怒，觉得这个猎头顾问太不靠谱了，作风"麻辣"的人事往往是立即打来电话，劈头盖脸地骂一通。

作为猎头，难道你去和人事申诉你的委屈吗？申诉委屈就是变相地推卸责任，至少人事普遍会这么认为。那么，不申诉委屈，就只能认错道歉了吗？

可能有的猎头会想，我明明没错啊，该做的我都做了，是候选人太不靠谱了，我能怎么办。对于这个观点，后面再讨论。

1. 认错道歉

不管你心中是否情愿，认错道歉是必须的，这是态度问题，是挽回人事信任的第一步。但认错不是一句"我错了，对不起"就能"打发"人事的，而是要承认人事给你安的"罪名"，即便你本心不那么认为。作为服务方，必须明白客户至上的道理，在客户产生不满或极度不满的情绪时，与客户争辩是没有意义的。

有人会问，需不需要向人事下保证书，如自己再也不会犯同样的过失了？这取决于过失是否在自身可控制的范围之内。如果不在，那么不建议做无意义的保证，除非人事的特点就是喜欢听保证。

认错道歉的作用是缓冲，即缓解人事的不满情绪，做法就是拿出知错就改的态度。

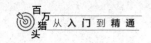

2. 认真反思

认真反思自己是否有错以及错在哪里。有时即使人事认为你存在过错，责任或许也不应该由你来承担；但有时除了人事认为的过错外，你还有别的过错。总之，只有经过反思，你才可能真正地知道自己错在哪里，之后才有可能改进。

总结下来，猎头顾问可能主要犯以下三类过错：对候选人判断失误；对候选人跟进不及时；存在侥幸心理。

对候选人的判断失误往往是猎头顾问最容易犯的过错，这或许不应该说是猎头的过错，只能说是猎头的判断能力还需要提升。如果对候选人的动机、人品等方面的判断出现偏差，那么候选人不出状况才是怪事。

一定会有猎头朋友问："人心隔肚皮，我真的没有本事保证次次判断准确啊。出状况在我看来是没法避免的呀，难道不是吗？"说的没错，但是接二连三地出错是绝对不能被容忍的。如果纵容自己，就不可能成为优秀的猎头顾问。或许有人非常相信运气，将接二连三的意外归因于一时的背运，但是，果真如此吗？

候选人的心思固然很难猜，行为固然很难预料，但是你可以选择跟进及时。因为候选人大部分是没有受过 FBI 特训的普通人，即使再用心隐藏也不至于藏得滴水不漏。如果你肯费心思，就有可能发现不对劲的蛛丝马迹，有可能避免意外状况的发生，有可能降低出意外状况的频次。

当然，有的猎头顾问之所以会犯错，是因为他存在侥幸心理。即明明已经发现了问题、有不好的直觉，但是不想去询问、去证实，或许不想马上去面对。不管猎头顾问发现了什么，任由事态发展，甚至抱着"有可能出问题"的幻想，做出毫无理由的美好预期，这些都是愚蠢至极的行为。猎头顾问本身就有给以必要的干预的职责。干预不成是一回事，不干预就是另一回事了。

以候选人不去参加面试为例，可以分别了解上述三类过错的根本缘由。

(1) 对候选人判断失误

在安排面试的时候，候选人答应得很好，之前的沟通也很顺畅，很配合，猎头顾问完全没有察觉其动机问题。候选人没去面试，人事来投诉。事后询问才知道候选人觉得机会不是很好，最近很忙，考虑之后决定不去面试了。因为忙便忘记事前打招呼了，只能事后说了。

(2) 对候选人跟进不及时

安排面试的时候，候选人答应得很好。猎头顾问因为想着就是后天的事了，自己又很忙，所以在面试的前一晚，就没有再按常规流程和候选人联系了。候选人没去面试，人事来投诉，弄得猎头顾问灰头土脸的。事后询问了候选人，猎头顾问才知道，就在面试的前一天，领导与候选人谈话，许诺给其升职。候选人权衡利弊以后，决定放弃外面的机会。本来候选人还想与猎头顾问说一声，但是也因为忙，而且想着猎头顾问应该会来联系自己的，就忘记了。其实很早以前，候选人就提过自己内部可能有升职机会，但是猎头顾问并未加以重视，而最终的面试安排也没有按照基本流程跟进。种种因素叠加起来，就酿成了大错。

(3) 存在侥幸心理

安排面试的时候，候选人答应去面试的，但表示自己最近很忙，请假不容易，还询问了几个关于职位的问题。候选人没去面试，人事来投诉。事后询问候选人，猎头顾问才知道他经过再三考虑后，觉得即使拿到Offer，自己选择去的概率也不高，想想算了，便没去参加面试。

其实在候选人说请假不容易，以及询问与职位相关的问题时，猎头

顾问已感觉到候选人的动机存在问题,但是觉得候选人既然答应面试了,就不会不去,也就没有在面试前一晚跟进,因此便错失了把动机(意愿)问题挑明的最后机会。

其实猎头顾问都知道,比起不去面试,取消面试的后果要轻得多。即使人事可以指责猎头,认为其对候选人动机的把握存在问题,但人事也不能否认猎头对候选人的跟进是及时的,管理是用心的,发现问题后是能及时汇报并纠正的。换句话说,虽然能力是有问题的,但是态度没有问题,至少是知错能改的。这里的错是指起初的动机判断不准。

当然,在上述例子中,候选人的行为确实都不够职业,存在没有提前通知的过失。尽管如此,猎头顾问也不能向人事"投诉"候选人,因为这么做损人不利己,于事无补,更不能因为是候选人的过失,就不去正视自身存在的问题了。

在类似的困境中,猎头顾问要始终牢记自己的权利:不管是在面试阶段、谈Offer阶段,还是流程中的其他阶段,一旦认为候选人不靠谱,就可以放弃推荐;或者在发现候选人不靠谱后,及时修正、弥补,争取让候选人变得靠谱起来。

3. 弥补不足,纠正错误

猎头要始终记得自己需要对人事负责。所以,最后一步即第三步,是在接下去的合作中纠正自己的过错,弥补自己的不足。只有用行动说话,用事实证明,才能真正挽回人事的信心和信任。

归根结底,只有先让人事建立起对猎头顾问的充分信任,猎头顾问才能树立个人的品牌形象,才能在偶尔出现意外状况的时候得到人事的原谅。

> **案例分享**

我相信有很多人都接到过客户投诉。因为人非圣贤，孰能无过，更何况新手更容易犯错。

我自己也接到过不少投诉，最严重的一次甚至被客户 HR 要求换顾问。并且 HR 说，如果我不好好解决问题，还要告到老板那里去。原因是 HR 和我带的一个顾问闹矛盾，该顾问不仅送了两个资质不太好的人，而且也没有在报告中写清楚薪资。我的宗旨是先认错，认完错，客户就没那么生气了，然后再说解决方案。把能改善的先改善了，如立即修改报告发送给 HR。不能立即改善的部分，如为什么送的人不合适，需要 HR 先说明理由，我们内部再进行分析，力求后续送的人的质量能有所提高。HR 终于停止责骂，表示希望尽快看到人后就挂了电话。

我知道顾问是有冤情的，因为之前的报告一直是那么写的，客户没有说过不行。（当然，这并不是说我们没有改进的空间，只是就事论事地说明一下客户的评判有不一致之处。）至于送的人，我知道这个职位上很难，能够送出人来就很不容易了。换言之，HR 是被部门催急了，拿我们撒气。所以，我和顾问通了一次很长的电话，详细告诉她，接下去我们的报告需要写成什么样，以及如果没有特别合适的人，这个职位上就别送了，宁缺毋滥，但是有合适的人的话也可以准备着。此外，还告诉她整理下寻访情况，晚些时候再讨论这个职位。从头到尾，我完全没有提客户怎么骂人。

后来这位 HR 催了两次，我们才把新找的人送出去，并且再三说明这人也没有特别出色，如果 HR 手上没有更合适的人选了，再考虑面试这个新人。结果，HR 表示愿意面试一下，后来反馈说这人

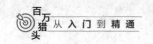

面试下来还行。于是,我们又建议,将之前送的人也一并给部门看看。此时我们已经联系到了部门,知道了部门预期的底线。最后的结果是,部门在这三个人中选了一个。另外,我们之所以敢于笃定地拖着不送人,是因为我们通过各种渠道,已经知道竞争对手也没有再送出人来,很可能都已经放弃这个职位了。

总之,有则改之,无则加勉。客户的不满也需要理性客观地对待。

Q68 客户公司接二连三地出现意外状况,候选人对机会产生严重质疑时,我该怎么办?

作为中间方,有时候发现是候选人不靠谱,有时候却发现是客户不靠谱,这是猎头顾问不可避免的工作常态。

1. 分析客户会出现的意外状况

◎ 频繁更改面试时间。

◎ 面试官面试时迟到。

◎ 面试官缺席面试。

◎ 面试时让候选人感觉过于草率甚至不尊重人。

◎ Offer 的时候突然改变职位的名称、级别等。

◎ Offer 的时候突然降低起初答应的薪资。

◎ 在面试的流程中,绕过猎头顾问去找候选人的直线经理,自以为背景调查会靠谱,结果弄得满城风雨。

◎ 在候选人还没有提出离职的时候,就自行去做了背景调查,结果让大家功亏一篑。

◎ 候选人入职很多天，还没有签劳动合同。

◎ 候选人入职后"被派遣"：客户找了第三方与其签订劳动合同，然后再派遣其到真正工作的单位。

◎ 候选人入职后"被埋没"：自己的职位很低级，与之前面试的职位毫不相干。

以上所述，虽然并未包括所有情况，但是管中窥豹，还是可以看到客户挖的各种"坑"和可能出现的意外状况的。这些状况可以从安排面试起出现，一直延续到入职后。而任何的意外状况都可以让候选人拒绝，说出"我不去了"。难道猎头顾问只能同情候选人的遭遇，眼巴巴地看着候选人与客户说"Byebye"吗？或者说，猎头顾问应该坚持"正义"，和候选人一起对客户说再见呢？

该挽救的必须挽救，觉得挽救不了的也要尽力试一试，这是猎头顾问对客户的责任；不该挽救的必须不挽救，觉得能挽救的也要主动放弃，这是猎头顾问对候选人的道义。

2. 分类讨论出现的意外状况

◎ 如果是候选人产生了误会，必须予以及时的解释、说明并加以澄清；必要时，可以恳请客户公司出面。

◎ 如果是客户公司存在过失，必须予以解释、说明并加以道歉，最好是客户公司的相关方出面。

◎ 如果是客户公司存在欺诈等不正当行为，必须支持候选人选择放弃，并且对于这样的客户也需要进行清理。

猎头顾问手中有许多职位，而候选人却只有一段职业生涯。每当面对一家新的公司时，候选人无论选择去还是不去，都会是一次重要的选择。因为从个人职业生涯的角度来说，候选人再怎么慎重也不为过，所以猎头顾问必须理解、支持候选人。即使猎头顾问觉得客户只是在运用某种"潜规则",其行为是可以被理解和接受的,也应提醒自己人各有异,要尽可能理解候选人表示的"不能接受"。

对于猎头顾问而言,做成职位、拿到佣金固然是自己的目的,但是,一旦这个目的和候选人的职业规划相背离,或者对于候选人而言,至少并非明智之选的时候,不管候选人自己是否心知肚明,猎头顾问是否能够扭转乾坤,都必须做到放下眼前的利益,着眼于长远。

真正优秀的猎头顾问首先必定是有道德的人,其次才是有专业知识的人,最后才能结合强大的人脉打造一流的自我品牌。

案例分享

与绝大多数候选人相比,猎头会遇到更多不靠谱的公司,而且很多是合作之后才发现不靠谱的。关键是发现之后怎么办。赖账其实很好办,按合同办事,按法律办事,大不了就不再合作了。但是,涉及候选人利益的时候怎么办?

珍妮群里有过一个案例:一家公司以总监的名义 Offer 了一个候选人。这位候选人本来很开心,因为这家公司在业内是知名的。但是候选人入职之后发现,不但干的不是总监的工作,而且可以说完全与职位描述不符,与面试的时候根本不一样。并且他的老板竟然授意他:趁着人刚走茶还没凉,赶紧去套取前公司的商业机密。为此,候选人打算辞职。出于道德感,他告诉了服务他的猎头,因为他还在猎头的保证期内。而那位猎头顾问赞同了候选人的决定。"我们的佣金事小,候选人要是犯这样的错,职业之路就完了。这个责任担不起。"当时群里也有不同的声音,有表示说可以恳求候选人过了保证期再走的，毕竟我们猎头找人也不容易，我们猎头也没有犯错。

的确，我们猎头没有犯错，待过保证期也未必就会出事。人选走了，按合同规定也未必需要退款。但是，为了我们猎头自身的利益，而要求候选人冒险，这个要求过分了，起了这个念头就更错了。

肯定有人要问，人走了之后呢，不需要补人吗？这个猎头顾问所在的公司非常有道德感，他们没有再为那个职位送人。而那个职位的直线经理在不久后就辞职了。

老话说得好，人在做，天在看。钱是赚不完的，但是要赚良心钱。

Q69 如何既能合理地向合作方表达负面情绪，又能赢得信任和机会？

有人说猎头就是销售，因为与销售一样要背业绩指标，其实不尽然。销售推销的是商品或服务，而猎头推销的是人和围绕人的服务；销售只需要负责卖，其他环节由相应部门的同事负责，而猎头却需要负责整个流程。首先是采购——寻找适合的人选；其次是销售——推荐人选给客户；再次是售后——负责候选人入职后的保质期；最后，全程还需做客服和客户关系管理，即CRM——为候选人、人事提供各类必要的服务和关系管理。

更大的区别在于，一般的销售只需要对自己公司负责，推销的是固定的商品或服务，而猎头却需要同时对自己公司、客户和候选人负责，推销的是背景不同、能力各异的人。前者是没有生命的，即无自我意识，后者是有生命的，即有自我意识，因而风险管理的难度更大，不可控性更高。做职位如同走钢丝，差一丝一毫就会跌入万丈深渊，粉身碎骨。

如果职位不顺的原因在于合作方,即是由人事或候选人造成的,那么猎头顾问就应该懂得"诉苦""求福利",即在合适的时机,利用好自己手中的资源,一方面向合作方合理地表达负面情绪,另一方面争取赢得信任和新的机会。

之所以要表达负面情绪,并不是为了让猎头顾问有机会发泄,甚至指责对方,而是为了通过合适的技巧唤起他们的同理心(或者说负罪感),从而获得对猎头顾问有利的回应。例如,从人事那儿获得一个新的职位,从候选人那儿要到一个新的推荐,更可能是获得他们对猎头顾问的理解和尊重——这是建立信任感的基础。

1. 向人事"抱怨"

遇到如下情况时,可以考虑向人事"抱怨"。

◎ 连续给你的几个职位都"夭折"了,不是内部人选就是职位突然不招。

◎ 给你的职位总是晚于其他几家猎头,你访寻的时候,市场上早已被翻烂了。

◎ 给你的职位几乎都是鸡肋型的。

如果近期有以下表现,可以在"抱怨"时不经意地提起。

◎ 一个没有放你做的职位,突然因为情况紧急,人事找你(当然,往往是多家一起)补人,你及时给人事补了人,解了其燃眉之急。

◎ 一个做了很久的职位,一直没有被结案,人事找你出访寻报告,你二话没说给人事做了报告,解了其燃眉之急。

◎ 一个没有放猎头渠道的职位,人事呼吁你友情帮忙,即有人就给,你赠送给人事质量不错的简历。

◎ 一个职位需要提供一些市场数据,人事让你帮忙提供,你积极打听了一下并提供了数据给他。

或许有猎头新手会问，既然一个猎头能有这些表现，即对人事这么好，帮了他这么多忙，他怎么会还不信任这个猎头，不给猎头好职位做呢？一是总有人要被安排干苦活、脏活；二是有的人只看关系，如果没有好处拿，就只能靠边站。如果你发现客户的人事比较看重感情投资、关系营销，那么你就更应该投其所好，只要不超出你能接受的范围、做人的底线。

谨记，抱怨的目的不是提出抗议，而是提出要求。目的不是已经失败的职位，而是未来的职位。

换句话说，向人事暗示你可以容忍"烂番茄"，但你也希望得到"好苹果"，并且你会用实力证明他的选择没错。

2. 向候选人"抱怨"

遇到如下情况时，可以考虑向候选人"抱怨"。

◎ 无论什么原因，拒绝了你提供的 Offer。

◎ 放弃了继续接触你提供职位。

◎ 应聘你提供的职位却失败了的人，尤其是本来特别想面试通过的人。

◎ 不考虑甚至多次不考虑你提供的职位机会。

其实除了对于应聘成功的人选，其他情况下的人选也是你有机会"抱怨"的对象，哪怕你当时并没有真的积攒很多的负能量、坏情绪。注意：巧妙地运用"负能量"，可以帮助你直击人心中的软弱之处。

如果猎头顾问有以下表现，那么可以在"抱怨"时不经意地提起。

◎ 对简历修改提出过宝贵建议。

◎ 提供过可靠的面试准备材料。

◎ 向面试官部门直线领导积极美言过。

◎ 认真地将面试问题一个个辅导过。

◎ 多次陪练过外语，给出改进建议。

◎ Offer 谈判时，为其据理力争过。

◎ 耐心询问其机会的诉求。

◎ 个人关于职业的想法。

◎ 帮助其分析过职位选择。

◎ 帮助其规划过职位路径。

◎ 帮助其急于找工作的朋友扩散过简历。

◎ 帮助其急于找工作的朋友做过如上所有的事情。

其实上述这些只要是一个有责任心的猎头顾问都能做到。换句话说，只要你愿意，你总是有机会向候选人"抱怨"的，即向其索要帮助。

候选人能够给猎头的帮助就是为其提供至少三类有价值的资讯。

◎ 人选：专注行业或职能领域中的优秀人。

◎ 知识：专业的职能或行业知识。

◎ 信息：行业内的招聘信息，即 BD 信息、行业动态、薪资水平等。

当然，向候选人求助（"抱怨"）是有前提的，一是自己有能力先帮助对方；二是候选人不是一个冷情寡义的人。

心得分享

没有人喜欢听人抱怨，除非这抱怨可以激发人的共情。所以，我的个人经验就是引发共鸣。

而这个共鸣就是你我都是打工的，你我都不容易。一般在我要说自己不容易之前，我会先说对方不容易。每次对方听到我说"我感觉你比我们猎头都辛苦"或者"你成天在外出差，这高薪真是赚得不容易啊"，内心多少都会有些感触和感慨。毕竟职场中关心你飞得高不高的人很多，但是关心你飞得累不累的人却很少。

所以，当你真诚地感叹这么一句之后，无论聊什么都会容易很多。例如，即使我之后要说的是"你不容易，我也不容易，你这么干太不地道了"，或者是"你这么指责我，太过分了"，对方往往都可以承受。又如，即使我之后要说的是"你不容易，我也不容易，你能帮我找个人吗""你能帮我催个款吗""你能……"对方答应的概率也会很高。

总之，激发共情、触发理解比一上来就摆事实、讲道理要强。

·本章小结·

冲动是魔鬼。因为人是理性与感性的综合体，所以在工作中难免会有各种负面情绪。本章讲述了猎头顾问如何应对各方面的负面情绪。

★ 面对 HR 的质疑，该如何应对及管控情绪？
★ 面对候选人的质疑，该如何应对及管控情绪？
★ 如何正确地表达自己的负面情绪？

如何做一个充满正能量的猎头顾问？

扫描二维码查看问题答案

CHAPTER 14

第 14 章
时间管理：25 小时 / 天？

Q70 每天都忙着找人、沟通，但是自己的报告数还是很少，怎么办？

入行一段时间以后，很多猎头顾问都会遇到一个"瓶颈"：自己明明从早到晚都在不停地搜索简历、电话沟通，可是能够送给客户的报告数量依旧很少，甚至面试率也不高。除了其他原因外，就单从时间管理的角度来说，这样的情况一定是有些时间被浪费了。即可以 5 分钟沟通完的人选，却沟通了 20 分钟；可以 1 个小时查完的简历，偏偏花了 2 个小时。猎头顾问无法高效利用时间的原因，往往是被一些低效乃至无效行为占据了精力，从而造成了其表面看来很忙碌、很勤劳的假象。

如何改进？有以下五步。

◎ 记录一天的工作任务是如何安排的。

◎ 查看时间被浪费在哪里了。

◎ 思考一下这些浪费如何避免。

◎ 制订新的计划并执行。

◎ 执行后再改进。

帮助自己发现浪费的一个好办法是"以人为镜"——通过请教优秀的猎头顾问、询问他们的一天是如何安排的，并对照自己的行为，从而发现自己的问题。

> **小贴士**
>
> 要用任务清单把一天的任务列清楚。
>
> 要给每项任务规定好时间和目标，尽量把任务量化。
>
> 要有以终为始的意识，不能为了数据而做数据，一定要为了结果而做数据。

总之，如果你能够坚持3天，事无巨细地记录当天的时间安排、综合分析后反思值得改进的地方，那么你的工作效率一定会有质的改变。

案例分享

我曾让咨询对象记录她三天的时间安排，她很认真地完成了这项任务后，惊奇地发现，最大的问题是搜索简历耗费了太多时间：每天她要花3个小时以上的时间在网上搜索，但就是没有合适的简历。在我和她推心置腹地沟通之后，她承认，自己的内心其实是抗拒打电话的，更不愿意尝试打 Cold Call。而转推荐，她有尝试过，但是因为几乎都是失败的，渐渐也不愿意做了。很明显，她时间管理的症结不是不知道该怎么做，而是不愿意做。

很多时候我们会浪费时间，根源并非自己的能力不足，而是因为意愿不够。即使大多数人明知自己在浪费时间，其潜意识中宁愿做简单而没效果的事情，也不愿意做复杂但有效果的工作。如果不能从意识上、心态上调整过来，那么再多的时间管理方法也帮不了你。

对于每位想要改变的猎头顾问而言，看清自己是需要迈出的第一步。只有明白自己到底乐意做什么类型的任务、不乐意做什么种类的工作，猎头顾问才可能找出背后的原因，并想办法根除。如果你不迈出这关键的一步，那么即使计划得再完美，也不会有落地的一天。

Q71 要做的事情太多，感觉自己时间不够用，怎么办？

老话说得好，凡事要分轻重缓急。要做的事情一定要分类，重要紧急的优先做，其次是重要不紧急的、紧急不重要的，最后才是不重要不紧急的。不少人都知道四象限时间管理法（见下图），但为什么没用好呢？有两个原因：要么是不知道怎么分类，索性不分类，放弃使用方法；要么是分类后没有严格地按优先级执行。

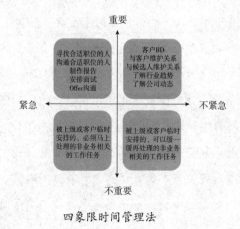

四象限时间管理法

下面以是否需要立即处理为依据，将一天内的所有事情进行分类。

①重要紧急的事包括寻找合适职位的人，沟通合适职位的人，制作报告，安排面试，Offer沟通。

②重要不紧急的事包括客户BD，与客户维护关系，与候选人维护关系，了解行业趋势，了解公司动态。

③紧急不重要的事包括被上级或客户临时安排的、必须马上处理的非业务相关的工作任务。

④不紧急不重要的事包括被上级或客户临时安排的、可以缓一缓再处理的非业务相关的工作任务。

如果平时没有时间处理好重要不紧急的事情，那么随着期限的临近，重要不紧急的事情就会升级成重要紧急的事情。如果平时都忙于应付紧急不重要的事情，会没有时间处理紧急重要的事情，结果就是一天都很忙碌，但是该完成的工作任务都没有完成。

小贴士

工作任务的安排必须要有"要事为先"的理念，把80%的精力放在要务上。

制订工作计划时要留有余量，以便处理一些必须处理的杂事。

每日复盘计划的完成情况，及时进行调整和优化。

案例分享

在我的猎头生涯中，我给自己安排了一件重要但不紧急的任务：写标题为"黑白灰"的周末邮件。当然，随着我的工作忙碌程度的

提高，从早期的一周一发，变成了两周一发。每到周五下午，我就会专门安排时间来发送这些邮件。虽然当时花费了不少精力，但是从整个猎头生涯的角度来看，这确实是我给自己布置过的最好的任务。因为这些邮件，很多候选人记住了我；也因为这些邮件，很多候选人成了我的朋友。

每个人都需要有被人记忆的点，而我的这个点就是文字。相信各位也能找到自己被记忆的点，在这个新媒体时代，方法是非常多的。

Q72 感觉自己做事情总是没有章法，注意力很难集中，怎么办？

人的注意力能够高度集中的时间是有限的，如果在有限的时间中再频繁切换任务，就会导致工作效率降低。例如，1个小时内，一会儿查简历，一会儿打两三个电话，一会儿又去忙别的。

1. 大段时间要专注

几乎所有的时间管理书籍都告诉我们：要想提高工作效率就必须"专注"，即保证在一段时间内只做一件事，或者至少是一类事。例如，"番茄工作法"中的25分钟法则，就是20分钟做事+5分钟休息，并且要求使用者保证在这20分钟里，只专注在一个工作任务上。

结合我们猎头顾问的工作情况，20分钟正好可以用来进行一两个电话初次沟通，做一两份推荐报告，或者处理一下邮件。

总之，大块的时间用于处理要务，且只处理一件或一类要务。

2. 零星时间要利用

那么，碎片时间该怎么利用呢？很多书都会讲到合理利用碎片时间，利用碎片时间里多任务处理，如你可以一边炒菜，一边听英语。利用碎片时间完成小任务，小任务是大任务的分解，如每天只背20个单词。

结合猎头工作的实际情况，我曾在喜马拉雅平台上专门讨论过这个话题，并收录在音频专辑《猎头成长30天又N天》中。以下是节选的一些要点。

每天都可以利用的碎片时间包括上下班通勤、午休、晚上临睡前等。这些时间段的共同特点是没有必须处理的任务。只要合理安排，你一定能挤出若干个10分钟左右的时间。以下5件事希望你每天都能尽量去做。

◎ 给1个"明星"候选人打电话。这里所谓的"明星"，是指需要你定期维护、长期保持联系的人才。

◎ 联系重点客户的HR。

◎ 复盘今日工作完成情况并做明日工作安排。

◎ 输入含详细信息的邮箱信息。

◎ 确认领英等平台的新增联系人。

以下5件事则希望你每周隔三岔五地去做。

◎ 整理已有简历，如更新评价，添加搜索关键词，完善文件名。

◎ 画一下最新了解到的目标公司部门的组织结构图（OC）。

◎ 整理新学到的业务知识。

◎ 阅读行业资讯，重点看属于人力资源、职场发展等类别的，并从中挑选出适合转发的好文章。

◎ 评论、点赞关键人脉的朋友圈。

我相信如果能够做到以上事情，那么不出一年就能成长为非常优秀的猎头。因为，我当年只是做到了其中的一部分，升为顾问第一年就成为"百万猎头"了。

· 本章小结 ·

虽然时间是公平的，但并非人人都能用好手中的时间。本章讲述了猎头顾问如何做好时间管理、如何提升工作效率。

★ "重要—紧急"四象限法是什么？怎么用？

★ "番茄工作法"是什么？怎么用？

★ "化整为零法"是什么？怎么用？

精英猎头顾问会怎样分配一天的工作时间？

扫描二维码查看问题答案

CHAPTER 15

第 15 章
信息管理：人在哪儿？全了吗？

Q73 如何制作人才画像？

人才画像是以岗位要求为基准的，定义和描绘能胜任某岗位的人才原型。这个问题本质是需要解决职位分析的。职位分析到位了，职位所需的理想人才就跃然纸上了。那么，职位分析应该怎么做呢？

1. 解读 JD（职位描述）上的信息

一个最简单的 JD 包括两方面内容：要求，你想应聘成功这个职位，需要具备什么；职责，做这个职位你需要做什么。内容较详细的 JD 往往还包括公司介绍、工作地点、汇报线、下属等信息。

JD 上的信息可以分为两类：一类是只需要记忆的信息，如公司/地点，你和候选人说的时候会用到。你不能说，"你稍等下，我找一下 JD，看看地点在哪儿"，这样显得非常不专业；另一类是需要研究的信息，如职责、要求、汇报线、下属。有人可能会问，汇报线/下属不是应该记忆一下就可以了吗？后续内容会说明原因。

(1) 要求

要求通常包括学历、证书、工作年限、工作技能、软性素质。

学历：需要研究公司是否真正看重学历，有关要求是"Must"的硬性规定，还是"Prefer"的弹性要求。具体来说，要看公司是否要求名校、名校中的一本专业、全日制本科等。

证书：需要研究的是"希望有"还是"必须有"，有些证书是职业必备的，有些则不是，也不与实际能力挂钩。根据经验，但凡用人单位或部门写了证书要求的，多少都比较看重证书，甚至有"文凭党"的嫌疑。

工作年限：要根据对应职位的 Level 和薪资，结合行业的平均水平，评价年限要求是偏高或偏低，还是属于正常要求。工作年限的要求不仅是一块"试金石"，试出客户公司是否看重资历，而且是一把"预测尺"，测出客户公司的 Level 是不是给得比较紧，进而预判该公司晋升的快慢。一般公司越大、人员越多，在要求中就越在乎年限。

工作技能：是需要对照职责来看的。但凡技能要求明确的，猎头顾问就应该对照技能要求的高低，来预判职责的重轻。筛选候选人时，顾问必须保证其拥有职位要求的核心技能，否则其不可能承担得起客户公司所期待的责任。

软性素质：反映的是企业文化，企业欣赏什么风格的人。这对于候选人匹配度来说也是很重要的。风格不符，气场不合，哪怕其他都合适，候选人也是面试不上的。当然，软性素质是不是如 JD 写的那样，还需要再确认，毕竟很多 JD 是"天下一大抄"，不反映实际需求。

(2) 职责

有些 JD 的职责写得非常笼统，毫无重点。我把这类写法称为通用型写法，即你看不出所以然来，最多知道有哪些事情是需要负责的、参与的，但至于是不是真的如此就需要打个问号了。

另一类JD职责则相反,你可以看得出主次,看得出轻重。我把这类写法称为特殊型写法。这类职责是值得好好研究的。因为,你即使问HR,他也未必能说得那么清楚。

(3)关系

除职责、要求以外,一些JD会写明汇报线和下属。从这两点其实可以大致看出公司、部门的大体组织结构、人员规模、受重视程度等。例如,有的公司会把公关团队放在市场部门,把售后团队放在销售部门,把质量控制团队放进生产部门,而在另外一些公司,则会将上述相关度高的职能团队拆开,分别成立独立的部门。归根结底,组织结构的不同既取决于人员规模,又取决于部门在企业中的受重视程度。

总之,JD上的信息是职位分析的基础。

2. 打探岗位说明书以外的信息

关键问题就是找谁问。可询问的人一般分为三类:人事、直线经理(部门)及行业人脉。

①向人事询问的信息包括汇报线与其背景、下属人数规模、部门/公司组织结构、地点与班车、替换职位或新开职位、职位开放时间、薪资、职位卖点、其他(目标公司、排除公司)、特殊要求(已婚已育、星座等)。

虽然列了那么多,但必须要说明的是,对于JD上已经明确罗列的信息,就不要再找HR询问或确认了,以免被HR认为态度不端正、工作不认真。另外,不管HR是明确说的还是暗示的,如果对于某些信息,HR表示真不知道,或者不愿透露,那么猎头顾问也不必再问。

需要把握好问题的尺度,还需要把握好提问的方式。例如,有些HR习惯你写个邮件去问他,而有些则习惯你打电话去问他。

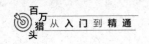

②向直线经理询问的信息包括目标公司、职位卖点(发展前景)、个人好恶。

需要说明的是,如果你和直线经理认识,私交也尚可,那么你可以大着胆子问,只要不得罪他即可。但如果是 HR 引荐你与直线经理沟通的,而且是三方会谈,那么我建议你还是要稳妥点,一些敏感问题不要去问。

③向行业人脉询问的信息包括公司现状、公司未来的发展情况、部门情况、直线老板情况、工作强度、团队氛围。

需要说明的是,虽然我建议主观信息问行业人脉,但是并不意味着他们说什么就要信什么。因为不管说什么都是一家之言,人都有自己的好恶、观点、情感,要根据自己的情况适当选择。

需要提醒的是,猎头顾问需要打探的,不仅是画出人才画像所需要的信息,而且应该包括候选人想知道的信息。

案例分享

进入猎头行业的第一个案子至今让我记忆犹新:客户是某外资化工巨头,他们要寻找研发太阳能薄膜材料的人员。那是12年前的事了,当时老板只说放手让我做,因为他也不太懂,就让我去研究这个职位的 JD,搞清楚客户到底需要什么样的人。我第一时间联系了客户的 HR,HR 很和善,但表示具体的他也不懂,反正部门就是要找做薄膜的人。通过网络搜索,我先弄明白了其中的术语,然后找了一些太阳能产品的研发人才去询问。他们大多是做硅晶的,有一个好心的朋友告诉我,这个方向在工业界太新了,你可以找高校的实验室问问。于是,我就去找那些高校有对口的学院、专业。最后,在华南理工大学找到了一个教授,他推荐了一个毕业两年的学生,他是做这个薄膜研究的。最后这个人被成功地 Offer 了。感谢这个职位从一开始就教会了我：如果要研究职位所需要的人才，那么不光需要读"死的文字"、读懂 JD，还需要问"活人"、愿意帮忙的相关人士。当然，现在回过头来看，当时除了通过业内人士去琢磨以外，还可以联系该职位的直线经理。

由此可见，任何一个职位，你想弄明白客户要什么样的人，一定是需要多方询问的，尤其是在客户方也无法给出太多信息的时候。

Q74 怎样制作行业人才地图？

制作人才地图，用业内的行话说就是 Mapping，是指猎头顾问通过一定的手段找全"目标人群"，进而掌握其基本信息的过程。目标人群是指散布于各个公司中的特定人群，他们或者同属于一个细分领域，或者具有同一种职能（如研发），或者处于某一特定的 Level（如总监）。

1. Mapping 的基本思路

◎ 找哪些行业的人？本行业、上下游、近似行业的人都需要吗？

◎ 找哪些公司的人？行业内的领军公司，Top10~50（排名前10~50），还是客户公司的竞争对手公司？

◎ 公司里具体找哪些人？哪些职能是目标？职能里什么 Level 的人是目标？CXO、总监还是经理？

◎ 找他们问哪些信息？教育背景、个人经历、团队规模、薪资福利、跳槽动机、组织结构……

如果以上问题都有明确的答案了，那么 Mapping 的目标也就清楚了。

2. Mapping 的基本操作

猎头顾问逐一尝试、综合利用各种访寻方法，直至找到目标对象。这些方法包括网络搜索、Cold Call 和转推荐等。通过综合运用线上和线下的各种方法，优秀的猎头顾问可以在最短时间内完成 Mapping，即不仅能搜索到人才，而且能与目标对象联系上。

其中有个难点就是如何确保该找的都找到了。这就需要有能问清楚组织结构的能力了。你只有清楚知道一家公司中的人员布局，你才能知道哪些人是目标对象，哪些人不是目标对象。目标对象是只有一人还是有多人。

那么，如何问清楚组织结构呢？

①查：去官网、论坛、百度文库查找组织结构图。

即使是非常粗略的公司层级的组织结构图，只要能被查到，就可能为你所用。组织结构图至少能让你有方向感：要找的人可能在什么部门，哪些部门可能与这个部门关系密切。

②学：找前辈、领导学。他们对于这个行业、对于这些公司通常都比新人了解，他们对组织结构的了解总比你清楚。问一问，可能答案就有了。即使没有那么精确，但也比一无所知要强。

③找：找候选人。一旦你确定了目标对象的可能分布，如就在三四个部门中，你就应该尽量从每个部门中都找出人来。注意，找的人越多，你问清楚的概率就越大，提早问到的概率就越高。

④问：问这些找出来的人，他们自己团队的情况，与他们平级的团队的情况。注意要交叉询问。

⑤核：核查，再次确认（Double Check）。当你觉得自己已经把组织结构问出来了时，不要高兴得太早，一定要再找人问一问，核查有没有

问题。

不管是画人才地图，还是画组织结构，功夫在平时。平时就要多积累行业人脉，多增强自己询问组织结构的意识，多了解职能分工，加深自己对行业、职能、岗位的理解。只有自己的基本功扎实了，才可能事半功倍地完成任务。

心得分享

画人才地图有时候是客户的需求，有时候是猎头顾问自己的要求。

对于你所专注的领域，只有当目标人才群体的沟通率达到 90% 以上时，你才算完成了这个领域的 Mapping，才有可能真正把这个领域的职位做好。

我之前做过的方向，都是以这种 Mapping 为目标的。例如，有段时间我做区域销售职能的方向，我不但全部掌握了国内合资整车公司的人脉，而且几乎沟通过所有外资整车公司的区域销售。后来转战到整车产品规划职能领域，我也如法炮制，从主流国企到中外合资企业，再到外资的乘用车企，全部 Mapping 到位，几乎全部掌握了其中的人脉。

此外，当细分市场人较少、流动性不高时，猎头顾问就必须要往外扩展周边领域的人才。例如，如果要做产品规划职位，就要考虑与之相关的市场调研、前期工程、整车项目管理等方向。一旦猎头顾问有相对富余的时间、精力，就应该重点 Mapping 这些方向，而不要囿于人丁稀少的产品规划岗位。

即使职位级别较高、相关人士较少，猎头顾问访寻时也不能偷懒，切忌抱有"挖到一个萝卜就能交差"的思想，而是要有 Mapping 的意识。最基本的做法应该是，先找出所有目标公司，然后仔细地一家家访寻，耐心地与每一位高级别人才沟通。有能力、有精力的猎头顾问则可以更进一步：把目标职位的副手、相关职能的平级、前任都挖掘出来，形成一张大型的高级人才网。这样做的好处不仅在于可以杜绝"漏送"，保证自己最大限度地"关掉"职位，避免被竞争对手捡漏，而且能为下一个类似的职位做好资源积累。

可以说"百万顾问"靠的就是一点一滴地积累，一个人一个人地积累，靠的就是苦功，没有捷径。

· 本章小结 ·

精英猎头顾问与普通猎头顾问有许多区别，其中最重要的区别是"专注度"：对自己所专注的领域的了解程度。精英猎头顾问会掌握行业发展趋势、近期动态、主要公司的人事变动、业务发展、核心岗位的人才分布等情况。要成为这样的精英猎头，就必须掌握本章讲述的两大技能。

★ 如何画好人才画像？

★ 如何制作行业人才地图？

如何画组织结构图？

扫描二维码查看问题答案

CHAPTER 16

第 16 章
财务管理：不付钱！何时付？

Q75 合同条款有哪些注意点？

我们都知道，没有合同就没有法律保障，合作必须签署合同。而且合同的具体条款也至关重要：只要存在没有被规定的部分，你的利益就可能失去保障；只要存在不清不楚的规定，就有可能产生纠纷。那么，合同到底有哪些细节需要关注呢？至少有以下 10 点。

1. 点数

无论采取怎样的结账模式，猎头的收费/佣金基本都遵循提成制，即按照候选人年薪的一定比例来收取。这个比例就叫作点数。一般来说点数为 20%~25%，高位有超过 30% 的，低位也有在 18% 的。

点数有高有低。一方面，每个行业平均的猎头收费点数存在差异；另一方面，即使在同一个行业，因为各家猎头公司的资质、BD 能力不同，所以能签署的点数也会存在差异。

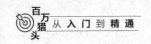

> **小贴士** 点数高自然是好事,但是只是点数高也不能保证收费高。

2. 可计入收费的薪资

猎头顾问按年薪乘以点数(提成比例)来收取佣金,但是年薪怎么计算却大有学问。在实际操作中,猎头顾问必须弄清楚:客户允许计入收费的薪资范围到底包括哪些,是否等于候选人真正的年薪。因为这将决定实际收费的水平。

计算计提佣金的年薪时需要考虑以下问题。

◎ 按多少个月计算,12个月还是13个月?

◎ 奖金部分是否计入?

◎ 哪些奖金计入?哪些奖金不计入?

◎ 工资部分是否含补贴、津贴,还是只算基本工资?

◎ 股票期权折算的部分是否计入?

这些都决定了所谓的年薪到底是多少。如果计入部分少,那么50万元的年薪,猎头顾问的佣金可能只能按30万元来计算。

> **小贴士** 与客户约定可计入收费的薪资范围,是BD过程中至关重要的一个环节。在签署合同前,猎头顾问必须尽量争取最大化薪资范围,并以书面形式明确地记录到合同中。

3. 合同期限

一般来说,都是固定期限合同,通常为一年。也有按单个职位或项目签署的合同，合同期限也有约定的时间。

 如果合同条款自带无过失即续签，那是最好的。

4. 合同主体

一般来说合同的甲方是客户公司，乙方是猎头公司。前者为需求方，后者为服务提供方。特别需要注意的是，如果客户公司是集团公司，旗下有多个分公司、子公司，那么合同与谁签就很重要了。最常见的情况是，BD 了集团公司客户，但实际职位需求却是其子公司的，甚至是子公司旗下的分公司的，此时一定要明确：服务的费用由谁出？有些客户有家族企业的作风，准备到时看情况，家里谁有钱谁出。也有的客户会让子公司出大头，而自己则扣下保证金，以此来最大限度地保留流动资金。这些做法都会造成"糊涂账"，让猎头公司一不小心就收不到费用。为了避免这些情况，合同的主体必须限定为最终付款的一方，要么是集团公司，要么是旗下的子公司。

 冤有头，债有主。如果合同中甲方签错了人，那么到时候赖账，就只能吃哑巴亏。

5. 保证期及保证期内离职处理

保证期是指候选人入职后，需要猎头顾问跟进，保证其不会辞职的最长期限。如果候选人在此期间离职，那么猎头需要承担责任。一般保证期是 3~6 个月，基本与候选人的试用期相同。

保证期限是首先需要关注的，因为保证期越短，对猎头方就越有利。不过还有更值得关注的条款约定：保证期内候选人一旦离职，猎头需要承担哪些具体责任。一般条款中的责任会分为以下四类。

◎ 不退还佣金，为职位补新的候选人。

◎ 不退还佣金，等到下一个职位（职位）成功后一并结算佣金，多退少补。

◎ 退还一半或一定比例的佣金。后文会提到，这种操作还会以付费方式的约定出现（见"付款方式及付费周期"部分）。

◎ 全额退还佣金。

每一类中还会有非预付费和预付费两种模式的区别。非预付费模式下，客户的主动权更大；而在预付费模式下，客户要求退还的金额一般不包括第一笔定金。除非猎头供应商存在严重不当的行为，或者客户公司能够找到法律依据要求退还定金，否则第一笔定金都是不予退还的。显然，相对于非预付费模式，预付费模式更能保护猎头的利益。

如果有可能，条款应该分别约定两种情况：一种是候选人主动离职，另一种是候选人被辞退。两种情况下，猎头顾问应该承担的责任是不同的。一般来说，如果候选人主动离职，那么猎头顾问的责任要大一些；而如果是候选人被动离职，甚至是出于一些不可控的因素，如公司运营调整后，发生了整个部门都被裁掉了之类的重大事件，那么猎头顾问的责任界定就应较轻，甚至没有责任。因为在现实世界中，后面的情况并不少见，所以猎头公司一定要防患于未然，保护好自己的利益。

> **小贴士** 尽量签署以补人为解决手段的条款，尽量不接受全额退还佣金的条款。因为从访寻到入职，猎头顾问是付出了艰辛劳动的。

6. 付款方式及付费周期

付款方式分为预付费模式和非预付费模式。

预付费模式通常会约定客户公司分为三次付款：签约后职位开始访寻时，职位有人选面试时，最终入职上班时。付费比例按预计年薪的按预计年薪的 1/3 付第一笔，按预计年薪的 1/3 付第二笔，最后入职时按实际年薪付余款。

非预付费模式通常约定，候选人入职上班时，客户公司一次性付清费用。现在也有入职时付一半，过了保证期再付另一半的操作。这实际上是替换了保证期内发生离职情况时，退还一半佣金的做法。

非预付费模式下，尽量争取一次性付款。

付款周期通常是自候选人上班之日起的 7 天内或 30 天内。当然，可能会有不同的约定，但争取付款周期越短越好。

7. 最低收费

如果客户的职位难度不低，但年薪不高，而客户又决心采用猎头来解决招聘的问题，那么我们可以提出最低收费的要求，以保证自己的佣金收入。一般最低收费从 2.5 万元到 5 万元不等。具体要看各家猎头公司的惯例。

如果单纯按薪酬的比例计算，那么有时只能预计收到很低的佣金。在这种情况下，进行合同谈判时，猎头顾问完全可以要求加入最低收费条款。

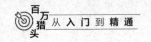

8. 违约滞纳金

具有法律效力的合同都有违约责任的条款。客户公司没有在合同规定的期限内支付佣金，就需要交纳违约滞纳金。这是猎头合同中最常用的违约责任条款。一般滞纳金为 3‰~7‰。当然，能够定成 3%~7% 最好，毕竟违约金的威慑力大小取决于金额大小。

 违约滞纳金通常用于提醒客户不要延期付款。在客户已经超过付款期限时，不仅可以对违约金进行口头说明，还可以写入催款函中，催促客户尽快付款。

9. 人选有效期

人选有效期是指猎头顾问推荐候选人的有效期，通常是 1 年内。在此期间，一旦客户公司录用了该人才，不管后续流程是否让猎头参与，都必须支付猎头费用。该条款是为了保证猎头顾问付出的劳动不会白费，以法律手段约束客户的不诚信行为。如果没有这项条款，就会有客户先以各种理由拒绝候选人，然后自己却主动联系人才、将人录用，让猎头白白付出劳动。

 尽可能争取将人选有效期写入合同，否则很难避免"吃哑巴亏"。

10. 重复送人问题

现在很少有公司只用一家猎头供应商，只把职位放给一家猎头供应商做的，通常会选择多家猎头供应商来访寻人才，这样操作就会导致重复送人的问题。即不同猎头公司推荐了同样的人，可能是推荐到同一个职位上，也可能是推荐到不同的职位上。不管哪种情况，都需要约定把人判给谁的判定标准，并且这个标准最好是写入合同的。

否则，发生争议的时候，就只能看客户的说法了。在没有合同约束的情况下，客户HR和部门的想法就会各种各样，其说法也就会因人而异，或者是前后不一，甚至南辕北辙。

目前的惯例是看推荐报告的时间先后，谁先送的就判定给谁。如果是同样的人送到不同的职位上，那么各家的处理方法往往是不同的，需要猎头顾问具体问题具体应对。

> **小贴士** 尽可能在合同中约定有关重复送人的情况，约束客户不要随心所欲，从而把"扯皮"的可能性降到最低。

总之，合同中有很多细节是需要我们注意的，不能拿一个通用版本的合同就走天下了。

合同没有签好的案例太多了，群里经常有这方面的求助询问。

例如，因为没有签人才有效期，结果送什么人，客户都说自己有，导致最后做不下去了。合同里竟然没有规定违约金，导致客户有恃无恐，催款催了大半年还没催到。薪资结构没有问清楚，导致客户最终认可的"年薪"是按基本工资计算的，比起实际年薪少了一半，猎头顾问自然只能收到一半佣金，可谓"哑巴吃黄连——有苦说不出"。

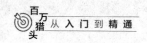

Q76 客户想赖账,我该怎么办?

1. 赖账手段

①做低基本工资。如果客户在 Offer 上做低基本工资,而候选人又选择默认,那么猎头顾问是很难维权的。

②老板觉得不该给那么多。例如,候选人 Offer 谈判进程很艰难,老板认为最后的说服者是自己,猎头顾问没怎么出力,所以就想少给钱。这种情况下只要有合同保护,猎头顾问就不用担心,完全可以要求按合同办事。

③一年内推荐的人不算猎头费。如果合同有规定,那么猎头顾问就应找证据证明:公司最终雇佣的人才不是公司自己找的,而是由猎头顾问推荐过去的,然后按合同办事。

④Floating Resume(定向专推简历),客户录用了人但不给猎头费。关于 Floating Resume,业内没有统一的翻译。其含义是指在没有合同的情况下,基于潜在客户的职位、自身业务拓展的需求,主动给客户方的相关人士推送简历。这类简历不含人名及联系方式。一旦客户对简历表达出兴趣,就及时跟进合同谈判。

如果没有合同保护,那么一旦客户通过 Floating Resume 找到了人,那么猎头顾问就很难维权了。所以,遇到客户主动提出需要提供 Floating Resume 后才能谈合作的情况时,需要慎重。如果要安排 Floating Resume 的候选人面试,猎头顾问就应要求客户启动签合同的步骤。

⑤说自己在其他渠道找到了同样的人,不给猎头费。无论客户说是在自己公司的简历库中找到的,还是在其他网站上找到的,猎头顾问都

应要求客户拿出证据：第一，证明其"找到"的时间早于自己推荐的时间；第二，证明其"找到"的候选人的信息是最新的，或者至少不比猎头顾问的推荐报告中的信息要陈旧。

尽管事情可以做，但猎头顾问需要明白，这些要求是很难被落实的。一方面是因为猎头公司是乙方，作为甲方的客户很可能拒绝提供证据。另一方面是因为很多客户的概念中是只认可简历价值，不认可猎头更新简历的价值，更不用说交流信息、确认职位需求的价值了。

以上 5 种是最常见的赖账情况。通过分析你会发现，维权的难度是很大的。因为，很多细节合同里是不会规定的。但是，只要有合同，人选去上班了，在这种情况下，客户想赖账是很难的。

2. 有没有合同

如果有合同，合同里怎么规定的，就按合同规定的办事。

如果没有合同，或者合同里没有明确规定，那真的是"打落牙齿往肚里吞"了。虽然可以寻找证据去沟通，但是难度会大很多。要不要劳心劳力去谈，需要综合考量。

3. 是否继续合作

要不要继续合作，先看自己公司层面的态度。

在打算与客户谈判时，先找自己的直线经理、老板去确认态度。即询问要不要维权、怎么维权、今后的打算是什么。千万不要自己鲁莽行事。毕竟一家客户值不值得继续服务，老板有老板的考量。

如果自己做分析，有以下三个维度可供参考。

（1）新客户还是老客户

老客户

◎ 一贯的合作情况如何。

◎ 之前是否发生过类似的情况，如果发生过，那么当时是如何处理的。

◎ 是否是第一次发生这种情况。

老客户可能是现金"牛"客户，但也可能是"瘦狗"客户。合作时间久未必代表合作得多，成功得多，合作得愉快。还是需要具体问题具体分析的。

新客户

◎ 有没有成过单。

◎ 如果没有，那么合作至今，老板、HR 的专业度如何。

◎ 公司在猎头圈的实际口碑如何。

尽管磨合是需要时间的，但是只要用心就会发现：判断客户值不值得磨合、是不是靠谱的合作伙伴，其实并不需要太多的时间。如果新客户的确不靠谱，那么猎头顾问完全可以选择放弃合作。因为世界很大，客户不止眼前的一家，有时及时止损反而是最佳的选择。

（2）**业务情况怎样**

自己手上总体的业务量如何？这个客户的业务量如何？具体可以分析：该客户每个职位平均收费情况、职位难度，并预测其未来一段时间内的需求。

（3）**自己有没有决定权**

客户是自己 BD 的，还是其他同事 BD 的；客户是自己一个人在服务的，还是其他同事也在服务的。

对于一个可能会赖账的客户，猎头顾问需要制定维权的预案。维权"斗争"激烈程度的高低，则取决于大家的看法是否一致、利益能否统一。

4. 交涉的方式

要不要见面谈？客户发生赖账的情况时，很多时候猎头是邮件、电话沟通，甚至是微信沟通。但其实，如果客户态度强硬，那么最好的做法是约面谈。

大家可能会想，客户都态度强硬了，怎么约得到呢？但实际上，客户公司中总有讲理懂法的人，总有和我们关系还不错的人事或部门。只要想见，总是能见到人的。如果客户就是不见，我们还可以直接去客户公司的办公室等着。此外，当一个职位出现问题时，只要其他职位还在进行中，客户就不可能真的完全不理会我们。除非在一开始的合作中，我们就是属于可有可无的一方，推荐报告之后的事情都是客户自己在跟进的。

只要有合同保护，当面谈的效果可能会比打电话谈要好很多，也更能表明我们的态度和立场。

总之，大环境就是这样，万一遇到客户赖账的情况，要先给自己留出10分钟时间，务必先把情绪冷静下来，然后才能做出正确的分析和思考。

案例分享

有个猎头顾问是做半导体行业的，签了一家业内挺大的民营公司。有个职位是老板亲自出马将候选人谈妥的。结果，老板说这个人是他自己说服的，猎头没有出力，这笔费用就不付了。猎头顾问自然不会答应这么操作，于是，他拿着合同找老板说，合同的规定是什么，我们在过程中提供了哪些服务，做了哪些工作等。老板没有直接说什么。随后，这位猎头顾问再找HR说这事，好在HR和他关系不错，也比较明理。最终，老板还是付了这笔猎头费用。

用人方有义务去做人才吸引的工作，这是分内事。即使最终真的是用人方说服了人才加入，也不能说仅仅依靠了用人方自身，因为猎头顾问参与了全程的劳动，付出了很多：从一开始为职位访寻了

足够多的人,再到访寻到合适的候选人,然后协调、协助安排面试,最终在 Offer 谈判阶段为两边传话。如果客户仅凭最终环节就想"抹杀"猎头顾问的功劳,那么真的有点强词夺理了,其荒谬程度就像一个球队只要进球的前锋,不要其他球员一样。

Q77 催账应该在什么时候催?

一些新人会想,候选人刚去上班我就向客户催账,这样不好吧?或者,还没到付款的期限,我就去催账不好吧?那么,真的不好吗?

当然不是。催账是赶早不赶晚的事,催账是做了比不做要好的事。你催了,客户未必付款更快;但是你不催,客户会更快付款的可能性更低。

催账是合情合理的事。猎头顾问需要关注的不是催与不催,而是以什么样的态度、什么样的话术去催。

1. 在未到付款期限日时的催款

总体上遵循态度友善,询问流程进展,表达提醒之意的原则。如果是新合作的客户,那么在合作正式开始前,猎头顾问就应问清楚付款的流程如何,对接的部门、接口怎样。因为那时客户也急于开始,所以会主动告知一些关键信息。如果不经思考就开始做职位了,那么猎头顾问即使成了单,还是有可能在催账时陷入客户的"迷魂阵",无法高效地开展工作。

2. 在超过付款期限日之后的催款

需要分情况讨论。通常既要考虑超期时间,又要判断客户付款的意愿。

下面就按照这两个维度,划分出四个象限来进行分析,如下图所示。

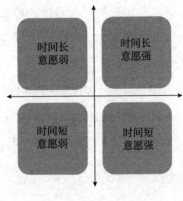

"时间—意愿"四象限图

◎ 时间长,意愿弱:这是最糟糕的情况了。在这种情况下,该发催款函就发,该申明必要时会走法律途径的就申明。

◎ 时间短,意愿弱:这是仅次于最糟糕情况的情况。虽然超期时间不长,但是客户不想付款,一不小心就会拖成第一种情况。同样地,我们可以提出合同中关于违约滞纳金的规定,让客户明白及时付款才是公平的、对双方都有利的做法。如果客户置之不理,打算继续采取拖延战术,那么我们应尽早发催款函,并申明必要时会走法律途径。

◎ 时间长,意愿强:因为内部流程存在问题,或者出现了其他不可控因素,客户即使有较强的付款意愿,有时也只能让我们旷日持久地等待。在这种情况下,除了及时跟进对接对象、了解流程进展、催促客户付款外,我们还要警惕客户的意愿变化。因为,如果客户的财务状况发生问题,付款意愿往往就会降低。因为与内部员工的工资相比,其他供应商的款项肯定是往后排的,猎头费用更容易被认为是"无关紧要"的。

◎ 时间短，意愿强：这是 4 种情况中的最佳情况了。可能仅仅是因为流程上的问题，造成客户需要晚几天付款；也可能拖一段时间才付款，本来就是客户财务部门的"做派"或习惯。那么，我们只需要继续保持跟进就好。当然，如果是新客户，那么尽量不要让其养成拖延付款的习惯。

总之，有句话是"愿意付款的客户才是好客户"。在付款周期上，乙方的确没有太多的争取空间。客户愿意付款，我们就耐着性子好好谈；如果客户实在不愿意付款，那么我们就不得不拿出法律武器，维护自身利益了。

Q78 平时合作的都是HR，催账也找HR吗？

催账找谁的答案不是"一刀切"的，同样是需要分情况讨论的。基本原则包括如下 5 点。

1. 客户让找谁，你就先找谁

俗称先按惯例行事。客户方是让找 HR 的，那么你就找 HR。客户方是让找财务的，那么你就找财务。至少先找客户方指定的对接部门、对接人员。

2. 能找决策人，就不找办事人

所有事情都有负责决策的人和负责干活的人，打款也不例外。如果你认识决策人，甚至与决策人关系不错、有交情，那么你就直接找决策人，而不用找其下属。因为，如果你找下属，下属还要去询问他的上级，然后再回复你，再走流程。任何事情如果能够找到关键决策人，就找关键决策人，省时省力又省心。

3. 下级搞不定时，再找其上级

前面一种情况是你刚好认识上级，甚至有交情；但如果不认识，就只有从下到上地进行催账了。即 HR 经理搞不定的时候，再找 HR 总监。

4. 外资找 HR，民企找老板

通常来说，外资找 HR 催账的多；民企尤其是非上市公司的民企、家族企业，催账要找老板。老板不发话，款是不会到账的。

5. 找不找财务，需要看客户

大家可能会想，提到了 HR、部门，也提到了公司老板，但是没有提到财务部门，难道催账不需要找财务吗？其实这个是需要根据不同公司的情况而定的。遇到催账，有的公司会让 HR 接待，然后就让我们直接联系财务人员，而有的公司则会始终让 HR 与你对接。我们可以在对接 HR 无果后，想办法联系财务部门询问情况。但是，财务部门和 HR 部门其实都只是职能部门，即他们都只是执行者。

总之，正常情况下按流程办事；如果遇到非正常情况，不管是有赖账嫌疑的，还是逾期仍未付款的，那么猎头顾问一定要直接找决策者。决策者通常是公司老板，有时也可能是部门负责人，具体找谁要多打听一下，避免有关人员相互推诿，最后还是找不到正主。

案例分享

关键时候必须找老板催账。有一次培训，有个学员提出一个案子，是客户的朋友介绍的。合作成了一个职位，但是催账催不下来。HR 总监总是联系不上，似乎故意躲着他。他不知道该怎么办。于是我建议他直接找老板，他觉得绕过 HR 总监不太好。我告诉他决定

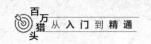

权在老板手中。HR 怎么操作,老板自然清楚。后来,他找老板,果然把款催到了。

Q79 催款必须自己去吗?

催款是猎头顾问的分内事。但是,如果遇到特殊情况,那就另当别论了。特殊情况包括以下几种。

①顾问自己催款不利。可以求助自己的直线经理、团队领导,甚至是公司老板。因为,钱款到账对公司内部来说,谁都得利,不到账则谁都不得利。

②顾问的直线经理或团队领导,甚至公司老板都比顾问更适合催款。即如果他们出面,催款会更高效,那么完全可以请求支援。举例如下。

◎ 客户是他们 BD 的。

◎ 客户公司的老板或高层与顾问公司的高层有不错的私交。

◎ 客户公司负责付款的对接口的 Level 较高,或者比较看重同级对话。

③顾问不想得罪自己正在合作的 HR。有些人天生不适合"唱红脸",但是催款有时是需要态度适度强硬的。这个时候,该猎头顾问可以拜托自己的直线经理、团队领导甚至是关系好的同事去"唱红脸"。

此外,除了走"上层路线"以外,让公司的财务、法务部门去催款也是完全可行的。以客户公司的对接口,催款的紧急程度、困难程度而定。

④心得分享。有些猎头公司或团队会有这样的操作:在季度月和年度

月的下旬，只要有该到账而未到账的款，就由老板或团队领导去催。实际效果的确比顾问自己去催要好。

总之，自己的事情自己做没错。但是，有需要的时候，求助他人也是明智的选择。至于如何求助成功，能够得到多少人的多大的帮助，这与每个人平日里的为人处事情况有关。

Q80 催账是个技术活，怎样才能干好呢？

前面已经说了谁去催，找谁催，何时催。下面就谈谈催账的依据及具体话术。

我们凭什么催账呢？凭合同。那么除了合同呢？还有人情。前者是以理服人，后者是以情动人。客户方对接的是人，人有不同的性格和行为模式。有的人更重讲理，有的人更重讲情。因此，不管谁去催，找谁催，都要记得情理结合。不要只讲理，也不要只讲情。当然，如果讲理讲情都讲不通，就只有讲法了。

催账和其他沟通是一样的，不同阶段有不同阶段的话术，不同对象有不同的话术。

1. 不同时期的催账话术参考

> **具体话术参考**

（1）没有逾期时

- 顺便说下刚刚几号上班的××，他的票我们这边已经开出了。
- 你们家一贯是××天左右款就到账了，我在系统里发现这一笔还没到,所以问问看,有什么情况吗?
- 这几笔款12月底前能进来吗?您也知道我们的指标是按年计算的。我们团队今年要想完成指标,就得靠您这几笔款到账来完成了。

(2)逾期时
- 按合同规定,逾期是有违约滞纳金的,多一天就多一天的滞纳金。
- 法务部的催款函已经发了,麻烦您这边流程上再催催。能不到那一步就不要到,我相信谁都不想到那一步的。

2. 不同对象的催账话术参考

具体话术参考

(1)催HR
- 我知道你也很忙的,你们财务是谁?我直接找财务吧。(这个话术在你觉得搞不定HR、又不熟悉HR领导的时候可以用。)
- 财务电话一直联系不到啊,你这边有对方手机号码吗?你也知道的,我们是真的不容易啊。
- 按规矩办,我们法务部就要发函了,我先来给您说一声。

(2)催财务
- 您能帮忙看看这笔款的流程到哪儿了吗?
- 您能说下流程卡在哪里了吗?哪一层没有批?

（3）催老板

> - 大家都辛苦一年了，就等着那点佣金过年了。
> - 不好意思，我们公司的操作都是按系统指示来的。根据系统设定，逾期 x 天后就会由法务部发催款函了。我知道你们公司大，是肯定会付的，但 x 总您看到底什么时候能付？
> - 大家都是有员工的人。不到账，顾问做单就没积极性。这个将心比心，您都能理解，对不？所以您看，都逾期 x 天了，什么时候能让财务部划款？

总之，谁能做决定就找谁。联系 HR 部门或财务部门，主要是为了获取流程的进展情况，而老板才是催账的关键。猎头顾问固然可以找办事的人打听消息，但是一旦要进行具体的沟通、谈判，就必须找到相关部门的领导，甚至是领导的领导。

心得分享

服务外企会发现，一般接近年底的时候，很多 HR、部门老板、大老板都会去休假。如果等到年底再催账，那么将无人可找。对此，我的应对经验是，在最后一个月月初就询问 HR，详细了解各位领导的休假时间，然后在他们休假前一两天、心情不错的时候，赶紧催账，争取让流程先走起来。这样等他们休假回来后再跟进，一般就能顺利到账了。

猎头顾问通常都是按自然年的年度背业绩指标的，年底是大催账季节，即大家都在催账。所以，想让自己的款早些到账，就需要早点行动。

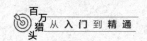

· 本章小结 ·

行内皆说:"入职还是提心吊胆,到账才算落袋为安。"本章讲述了猎头顾问做好财务管理的策略。

★ 合同的十大关键条款包括哪些内容?

★ 催账的四大核心问题:谁去催?找谁催?何时催?从什么渠道催?

★ 遭遇赖账,如何应对?

如果 HR 索要回扣,那么猎头顾问究竟是给还是不给?

扫描二维码查看问题答案

尾声

Q81 终极问题：如何成为"百万猎头"？

前面谈了 80 个问题，一事一议，都是战术层面的讨论；而对于决心以猎头为业的同道来说，本篇才是最应该关注的"终极问题"。在本书的最后，我将从战略层面，谈谈有关猎头职业发展的一些见解。

不可否认，数字是一个重要的衡量标准。是不是精英，要拿数字的高低说话。但是数字并不应该只看绝对产值，即精英不等同于"百万顾问"。个人认为，真正需要看的是单位时间的产出，并且要放到不同的行业、职能中去比对。因为行业的差异是客观存在的，猎头公司之间也存在平台的差异。

要提高单位时间的产出实属不易，需要做到"有所为，有所不为"。可为之处皆为之，固然称得上竭尽全力，但必有精力浪费；可为之处皆不为之，固然可以称为顺其自然，但必有时机错过。所以必须选择性地为一些、不为一些。

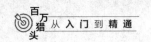

选择性地为并非指擅长的为之,选择性地不为并非指不擅长的不为之。如此做只是小聪明。选择性地为是指须为之时,不擅长的也须为;选择性地不为是指须不为时,擅长的也须不为。如此做才是大智慧。

以对方(客户)最易接受的方式来促成合作,并选择性地为之和不为之。

通过选择性地为之和不为之,在遇到最坏的情况时,实现了可能出现的最好的结果。

通过选择性地为之和不为之,让所有参与方的满意度实现最大化。

以上都能做到,那么才算是真正地达到了在职场中的"有所为,有所不为"的最高境界。能够"有所为,有所不为"的人,不管他是选择做猎头还是做其他的职业,相信他都会是精英级别的人物。